常变与长青

通过变革构建华为组织级能力

郭平 著

深圳出版社

图书在版编目（CIP）数据

常变与长青：通过变革构建华为组织级能力 / 郭平著 . -- 深圳：深圳出版社，2024.5（2025.1 重印）
ISBN 978-7-5507-3969-7

Ⅰ.①常… Ⅱ.①郭… Ⅲ.①通信企业－企业管理－组织管理学－经验－深圳 Ⅳ.① F632.765.3

中国国家版本馆 CIP 数据核字 (2023) 第 246481 号

常变与长青：通过变革构建华为组织级能力
CHANGBIAN YU CHANGQING：TONGGUO BIANGE GOUJIAN HUAWEI ZUZHIJI NENGLI

出 品 人	聂雄前
项目策划	许全军　苏宝华　徐智丽
责任编辑	童 芳　南 芳　易晴云
责任校对	董治钥
责任技编	郑 欢
装帧设计	知行格致

出版发行	深圳出版社
地　　址	深圳市彩田南路海天综合大厦（518033）
网　　址	www.htph.com.cn
订购电话	0755-83460239（邮购、团购）
设计制作	深圳市知行格致文化传播有限公司
印　　刷	中华商务联合印刷（广东）有限公司
开　　本	889mm×1194mm 1/32
印　　张	10.25
字　　数	188 千字
版　　次	2024 年 5 月第 1 版
印　　次	2025 年 1 月第 9 次
印　　数	160001—190000 册
定　　价	98.00 元

版权所有，侵权必究。凡有印装质量问题，我社负责调换
法律顾问：苑景会律师 502039234@qq.com

前言
FOREWORD

求变的华为

很多年前，我去广州办理美国签证，一位朋友陪我一起去，他是美国名人，跟美国驻广州总领事馆的人很熟。我把材料交上去以后，他提议："别在这儿干等着，去聊聊天儿。"几分钟以后，我就被安排坐在领事馆二楼的会议室里，两位领事和我们一起喝咖啡。气氛很轻松，他们跟我闲聊，有一搭没一搭地问些关于华为的问题。办完签证回来，我跟朋友回忆了这次交谈过程。我当时有一种强烈的感觉，他们与我好像是在漫无目的地闲谈，其实始终围绕着两个问题：华为对美国来说到底是朋友还是敌人？华为在中国到底是个别现象还是会成为群体现象？说到底，美国人真正关注的是华为乃至中国对他们到底意味着什么。

当时我轻描淡写地回应了这两个问题。我说："对于供应链上的广大美国企业来说，华为绝对是朋友，因为华为有很多需求和订单，可以为他们带来很多商业利益。对于个别通信企业来说，华为是他们商业上的竞争对手。但整体上对美国是有利的,我们也是在帮助推动通信产业的进步。"针对华为在中国到底是个别现象还是会成为群体现象这个问题,我并没有直接表露自己的观点,而是借用某商业评论杂志中的一个说法:"华为的崛起是天时、地利、人和,是特殊时代的特殊产物。"

今天,在复杂的政治、经济大背景下,华为更是成为中美摩擦的"磨心"。如果让我针对美国驻广州总领事馆两位领事的问题,说说我现在的观点:我希望在未来的20年,看到越来越多像华为一样的中国企业占据行业的领先位置,成为一股不可忽视的群体力量。

以前,大家经常会有一种印象:华为这样的企业在中国是独特的,是个例。现在,我们已经看到新的可能性:2022年,中国汽车出口突破300万辆①,超过德国成为全球第二大汽车出口国,新能源汽车出口更是呈爆发式增长;在动力电池领域,中国企业在全球市场的份额超过60%;在日常的美妆、鞋服、文具领域,中国企业的进步同样明显,如晋江鞋业早已从代工发展到拥有足够的市场竞争力,不少运动用品企业已经从小作坊成长为全球领先的公司;在生物制药领域,苏州工业园区、中关村、成都高新区等已经形成一定的产业

---

① 数据来源于中国汽车工业协会发布的《2022年汽车工业经济运行报告》。

链聚集优势。

　　中国企业现在的发展势头正好，可以说已经积累了足够的势能。但我们也必须清醒地认识到，成为世界级领先企业还有很长的路要走。华为是从全面向业界领先公司学习企业管理实践开始的，通过一系列变革，形成了自己的管理体系，支撑了后来的商业成功。

　　回顾华为的发展历程，深感每次变革既是在激烈的市场竞争中被逼出来的，更是来自创始人任正非先生的前瞻性和决断力，使得华为在"冬天"没有到来的时候，就提前准备好了"棉衣"。华为每次重大变革都没有失败，这无疑得益于任正非先生深远的顶层设计。他一直非常清楚公司缺什么、向谁学、学什么、怎么学、什么时间发起变革。一旦决定变革，他就会坚定地推动变革，华为的"削足适履""不换思想就换人"就是最好的明证。有坚定的信念，并不意味着可以凭着一腔热情强推变革，他非常有技巧地把握了变革的时机和火候。华为选择首先做IPD[①]和ISC[②]变革，而不去动市场销售，因为销售是公司当时的生命线，贸然变革会给公司带来灾难。华为并不是像外界有些人想象的从始至终全面走西方

---

① IPD：Integrated Product Development 的缩写，意为集成产品开发。
② ISC：Integrated Supply Chain 的缩写，意为集成供应链。

道路，任正非先生关于企业管理的"开放、妥协与灰度"指导思想，让变革和管理有了更大的适应性。我认为，变革领导力是企业最高领导力。华为的变革领导力，在任正非先生身上得到了系统性的体现。

半年前，我接待一批高层客户时，客户对华为的数字化转型很感兴趣，在场的华为同事给客户讲几千亿元[1]规模下的华为是怎么做数字化的。但是很明显，中国大多数企业面临的可能是华为1998—2000年存在的问题。华为做IFS[2]变革轰轰烈烈，但是大家可能不知道，在20世纪90年代末，华为做了"财务四统一"项目，实现了统一流程、统一制度、统一监控、统一编码，这才是华为一切财务管理进步的基础。我们谈变革与数字化转型，但是我们很多客户连基本的编码、流程都没有统一，怎么可能一上来就做数字化？这样的分享对企业有什么帮助和借鉴意义呢？

后来我实在听不下去了，就接过话："大家都知道华为做了IPD，做得也比较好，但华为变革的源头是I/T S&P[3]。"我给大家分享了20多年前的那次变革规划，当年做业务选择时

---

[1] 文中的"元"一般指人民币，他国货币会写明币种。
[2] IFS：Integrated Financial Services的缩写，意为集成财经服务。
[3] I/T S&P：按照顾问原意，I指信息，T指技术，信息和技术要拉通，不能搞成两张皮。S&P是Strategy and Planning的缩写，意为策略与规划。

的各种争论，如何在此基础上规划了后续的一系列变革项目等。分享后，客户给我的反馈竟然出奇地好，他们认为华为这样的思考和经验对企业发展及变革选择更有参考意义。

我非常有幸，受任正非先生的信任和委托，主导了华为几个重要阶段的变革。1998 年，我担任新设立的变革指导委员会副主任兼变革项目办公室主任、管理工程部[①]总裁，参与启动了持久的变革。从 2014 年起，又担任变革指导委员会主任，直到 2022 年 4 月和轮值董事长的职务一同卸任。作为亲历者，我深刻感受到公司面临巨大挑战时，变革是一种必然的选择，当然其中也不得不面对做决策时的两难取舍、跨部门间的冲突和争议。唯其艰难且笃行，才弥足珍贵。

我希望通过这本书，系统阐述华为业务发展和变革的历程，由表及里挖掘出变革的核心思想，把当时华为集体智慧所形成的决策逻辑还原出来。华为的实践探索既浓缩了中国企业自己的智慧，又融合了国际公司的先进管理框架，分享给商业界的朋友们，一定会更有启发。我不是管理学专家，这些文字都是基于自己多年实践的洞见和思索。那些帮助阐明观点的华为故事，都是实实在在发生的，都是华为员工"双手沾泥"摸索出来的。

[①] 现更名为质量与流程 IT 部。

本书由四个部分组成，旨在总结华为业务发展和变革的内在逻辑，揭示华为持续构建企业竞争力的基本框架。

第一部分，华为发展史是一部变革史。回顾华为36年的发展历程，发展路线不是被提前规划出来的，而是在适应变化的实践中走出来的。在四个发展阶段中，华为利用好每次危机，通过变革重构组织级能力，走向新的发展阶段。

第二部分，构建企业无生命的管理体系。企业变革始终对准商业成功，通过持续变革，逐步构建起不依赖于个人的管理体系，并最终体现为组织级竞争力。每个人都会离开或者老去，而管理体系会代代相传，并成为企业最有价值的核心资产。

第三部分，高质量规划是变革成功的起点。只有始终对准业务战略，清晰描绘企业期望到达的"彼岸"，才能做好变革规划，有节奏地启动变革。我从华为变革的起点谈起，分享华为变革规划方法，希望给已经开展或将要开展变革和数字化转型的企业一些启发。

第四部分，变革领导力是最高领导力。变革本质上是改变人的观念、意识和行为。我认为做好变革管理的核心是做好变革中"人"的管理和变革项目的管理。华为的变革实践有机融入了中国的管理智慧，对中国企业家可能更有参考价值。

回望华为20多年的变革，我想到了管理大师德鲁克讲的三个石匠的故事。故事中有人问三个石匠在做什么。第一个石匠回答："我在砌石头，养家糊口。"第二个石匠边敲打边回答："我在做最好的石匠。"第三个石匠眼里闪着光，说道："我在建造一座美丽的教堂。"德鲁克在《管理的实践》中认为最不可取的是第二个石匠，他致力成为自己所在领域的专业人士，常常自认为很有成就，其实只不过是在打磨精美的石头罢了。

正如华为在I/T S&P项目中提出的"我们的目标不是成为世界级的IT，而是成就世界级的华为"，变革要支撑企业战略达成。我们的目标是"修教堂"，成为世界级领先企业，持续为客户创造价值，而不是"打磨一块块精美的石头"、做最好的变革、建最好的IT。通过持续变革，华为已经构建了一个不断自我优化的管理体系，它是公司持续创造价值的基石；在价值创造的过程中，管理体系本身也成为企业价值的重要组成部分。2005年，华为通过海外主流运营商认证而大规模进入海外市场，证明了管理体系的重要性。十几年后，华为受美国打压而屹立不倒，且浴火重生，再次证明管理体系对华为具有举足轻重的价值。

本书以华为的变革实践为核心内容，虽不会帮助企业家更好地洞察趋势、抓住机会，但企业一旦确定方向，借鉴本书中的变革实践和方法，可以帮助企业通过变革构建组织级能力，提高企业成功的可能性。每个企业都面临自己的挑战，本书或许难以帮你解决企业变革中的具体问题，但希望华为基于业务发展的变革实践总结、变革原则和底层逻辑思考，可以帮你修建心中的"教堂"！

郭平

2023 年 11 月 9 日

目 录
CONTENTS

第 1 章
华为发展史是一部变革史

一、创业生长 —— 形成企业管理思想框架　　　　　005
1. 从代理到自研　　　　　　　　　　　　　　　005
2. 从"游击队"到"正规军"　　　　　　　　　010
3. 从"拿来主义"到《华为基本法》　　　　　　018

二、规模扩张 —— 向流程化管理转变　　　　　　　026
1. 从单产品到多产品　　　　　　　　　　　　　026
2. 从自我摸索到系统学习　　　　　　　　　　　028
3. 从个人智慧到集体决策　　　　　　　　　　　045

三、迈向世界级企业 —— 构建全球化管理能力　　　050
1. 从国内市场到全球市场　　　　　　　　　　　050
2. 从机会驱动到扩张与控制的平衡　　　　　　　053
3. 从客户需求驱动到"客户＋技术"双轮驱动　　081

四、做产业领先者 —— 实现数字化转型　　　　　　084
1. 从跟随者到行业领先者　　　　　　　　　　　084

2. 从功能领域变革到集成变革　　　　　　088
3. 从流程变革到数字化转型　　　　　　　094
4. 从单业务管理到"天地树"治理　　　　097

五、聚焦 ICT 产业——企业定型　　　　　　101
1. 业务边界选择　　　　　　　　　　　　101
2. 管理体系稳定　　　　　　　　　　　　104

第 2 章
构建企业无生命的管理体系

一、长期有效增长的关键在管理　　　　　　111
1. 企业增长的路径：马利克曲线　　　　　111
2. 企业发展的挑战：机会和时机　　　　　113
3. 基业长青之道：变革实现跨越　　　　　115

二、变革是业务成功的船和桥　　　　　　　117
1. 变革要助力业务"过河"　　　　　　　117
2. 没有一劳永逸的变革　　　　　　　　　119

三、管理体系的本质是构建组织级能力　　　120
1. 不依赖于个人的组织级能力　　　　　　120
2. 以客户为中心、生存为底线的管理体系　125
3. 构建流程执行力　　　　　　　　　　　139

四、建立自我纠偏机制应对过度管理　　141
1. 过犹不及，走向过度管理　　141
2. 保持危机感，坚持自我批判　　144
3. 打破僵化，由治到乱　　145
4. "萧规曹随"，切忌随意变革　　148

第 3 章
高质量规划是变革成功的起点

一、华为变革的起点　　155
1. 无规划，不变革　　155
2. 业务模式决定管理体系　　156
3. IT 是管控也是服务　　164
4. 以时间换组织能力　　170

二、公司级变革规划　　171
1. 站在后天看明天　　172
2. 架构蓝图统一认识　　176
3. 路标指引变革节奏　　180

三、项目级变革规划　　182
1. 愿景驱动变革　　182
2. 从客户体验出发　　183
3. 变革主线和项目路标　　186

第 4 章
变革领导力是最高领导力

一、变革的本质　　　　　　　　　　191
1. 改变人的观念、意识和行为　　　191
2. 变革需要强大的领导力　　　　　193

二、变革管理策略　　　　　　　　　195
1. 适时启动，把握变革节奏　　　　195
2. 只有危机才能造就改变　　　　　197
3. 有策略地消除变革阻力　　　　　200
4. 做好变革利益补偿　　　　　　　206
5. 重视试点、推行和固化　　　　　209

三、变革管理方法　　　　　　　　　211
1. 变革项目管理　　　　　　　　　211
2. 变革中"人"的管理　　　　　　219
3. 变革管理流程　　　　　　　　　229
4. 变革管理组织　　　　　　　　　231

四、变革的"七个反对"　　　　　　234
1. "七个反对"的缘起　　　　　　234
2. "七个反对"的内涵　　　　　　237

结　语：变革的勇气　　　　　　　　243
附录一：我们向美国人民学习什么　　247

附录二：开放、妥协与灰度 　　　　　　266
附录三：一江春水向东流
　　　　——为轮值 CEO 鸣锣开道　　　271
附录四：持续构建组织级竞争力　　　　279
附录五：拥抱变化，担负使命　　　　　286
附录六：熵减
　　　　——我们的活力之源　　　　　293
附录七：英文缩写词　　　　　　　　　303

后　记　　　　　　　　　　　　　　　307

第1章
华为发展史是一部变革史

CHAPTER 1

中国古人崇尚顺其自然,所有的事物都要遵循自然规律。每个人,或平淡无奇,或灿烂辉煌,都有生命终结的一天。企业同样遵循这样的自然规律,一个企业从创业到成长、成熟、衰退,最后死亡,这是企业发展的必然规律。

企业发展初期规模太小,缺乏竞争力,在产业链中处于弱势地位,扛不住大的风暴,随时面临被市场淘汰的风险。企业在经受住发展初期的混乱、摆脱夭折的危险后,开始扩大规模。规模是优势,规模优势的基础是有效管理;规模化后如果不能有效管理,不能从管理中要效益,企业也会面临死亡。

时间是一个忠实的书写者,如实记录着华为发展的足迹。华为 1987 年成立,从代理香港鸿年公司产品开始,经过 30 多年的持续奋斗,到 2020 年收入达到 8914 亿元。回望走过的路,可以将华为的发展历程分为图 1-1 所示四个阶段,这张图的上半部分讲的是业务,华为从代理一步步走向多个产业;下半部分讲的是管理体系建设,华为从初步的管理思想框架到"双轮"驱动的数字化转型。纵观过去 30 多年的发展历程,华为的业务发展与变革一路相辅相成。可以说,华为的发展史就是一部变革史。

单位：亿元人民币

阶段	创业生长 (1987—1997年)	规模扩张 (1998—2005年)	迈向世界级企业 (2006—2013年)	做产业领先者 (2014年后)
主题	形成企业管理思想框架	向流程化管理转变	构建全球化管理能力	实现数字化转型
要点	· 急用先行，尝试多种管理方法 · MRP II · ISO 9000 · 制定《华为基本法》	· I/T策略与规划 (I/T S&P) · 集成产品开发 (IPD) · 集成供应链 (ISC) · 财务四统一 · 决策本部	· 集成财经服务 (IFS) · 客户关系管理 (CRM) · 线索到回款 (LTC) · 开发战略到执行 (DSTE) · 企业架构 (EA)	· 供应链数字化 · 产品数字化 · 销服数字化 · 终端数字化 · 公司数据底座 · ……

从代理到自研

从单产品到多产品

从单一产业到多个产业

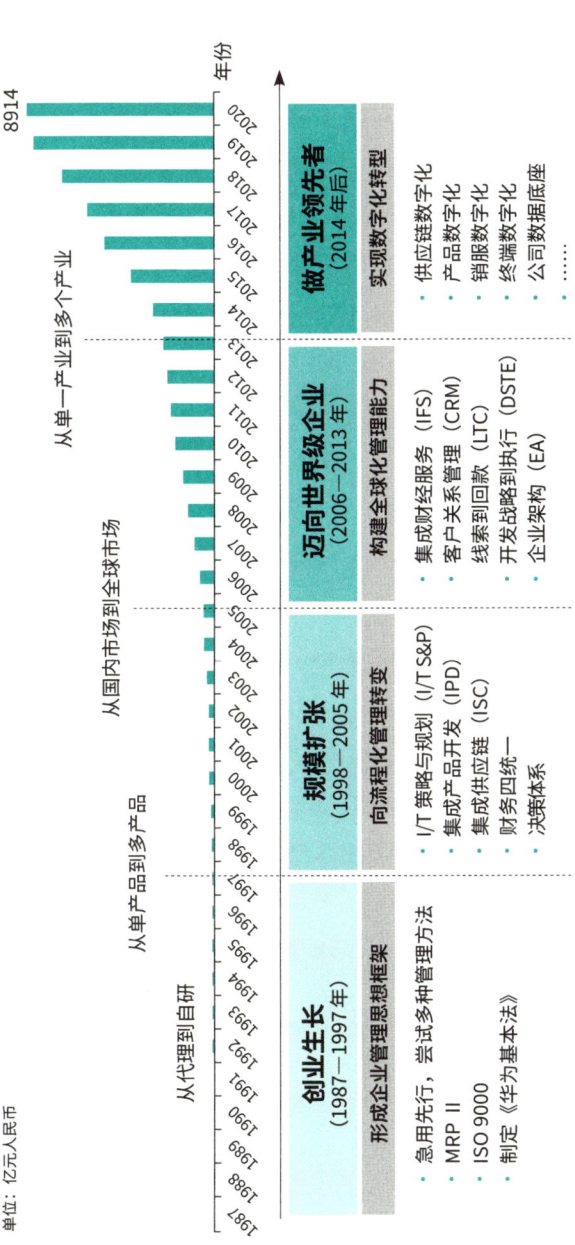

从国内市场到全球市场

8914

图1-1 华为1987—2020年发展历程

MRP II: Manufacturing Resources Planning II 的缩写，意为制造资源计划系统。
ISO 9000: 国际标准化组织质量管理和质量保证技术委员会制定的国际标准。

- 创业生长（1987—1997 年）：华为从代理到自研，活下来了，并开始快速发展。在管理上，华为急用先行，采用"拿来主义"，以《华为基本法》的发布为标志，初步形成了企业管理的思想框架，也从企业家凭借常识的朴素管理中走了出来。
- 规模扩张（1998—2005 年）：华为的业务从单产品到多产品，实现了规模化发展。华为与 IBM[①] 等公司合作，开展了 I/TS&P、IPD、ISC、"财务四统一"等一系列变革，逐步补齐了基本能力，开始向流程化、系统化管理转变。
- 迈向世界级企业（2006—2013 年）：华为从国内到海外，在运营商市场开始超越竞争对手，实现了运营商业务的全球领先，并通过 CRM、IFS 等变革逐步构建了适应全球化发展的管理能力。
- 做产业领先者（2014 年后）：华为从运营商单一产业到多个产业（终端业务、企业业务、智能汽车解决方案业务、云计算业务等），通过数字化转型实现了企业管理统治和分治的结合，构建了适应多产业发展的管理体系。至此，华为业务边界大致明确，管理体系稳定，企业基本定型。

---

① IBM：International Business Machines Corporation 的缩写，意为国际商业机器公司。

一、创业生长 —— 形成企业管理思想框架

1. 从代理到自研

1987 年，任正非集资了 21000 元，在深圳创立了华为公司。最初，华为是香港鸿年公司的销售代理，向各企事业单位销售用户交换机。20 世纪 90 年代初，国内企业如雨后春笋般涌现出来，用户交换机的需求自然非常旺盛。香港鸿年公司很信任任正非，允许华为先拿货去卖，卖了钱再给货款。这相当于香港鸿年公司为华为提供了无息贷款，两年下来累计超过 1 亿元，这在当时无疑是笔巨款。凭借诚信可靠，任正非解决了没有资金，先买进再卖出的问题，有时甚至会优先得到货源，这为华为赚到第一桶金提供了条件。

华为从做代理产品起步，通过优质的售后服务和有竞争力的价格获得了客户的青睐，也逐步建立起自己的销售网络。1989 年，香港鸿年公司被收购，华为也因此被取消了代理权。断货之后，华为虽然有客户，但已经没有产品可卖，一度陷入了困境。**我们当时就意识到唯有自主研发、自己生产产品，才能真正长久生存下去。**

20世纪90年代,中国的通信市场完全是一个卖方市场,国外厂家和合资企业的通信设备非常抢手,它们快速占领了市场。上海贝尔1990年销量为43万线,1993年订单总量达到了270万线;但当时上海贝尔的年产量只有30万线,就算是开足马力三班倒,也来不及全部交货。据时任上海贝尔副总裁冯大慈回忆:"一时间,运营商采购员聚集到厂家门口,排队、开后门、批条子、拉关系……"你很难想象,这就是当时中国通信市场的真实写照。

在从代理走向自研的过程中,华为也从零散的小型交换机市场走向更大规模的运营商局用机市场。对比交换机的小市场和通信的大市场,任正非觉得在巨大的市场中,华为只要吃掉一小块就可以活下来,没想到通信产品标准化程度高,目标客户虽然清晰、集中,但竞争也更加激烈。那时"七国八制"[①],外国通信厂商在国内迅速占领城市市场,而华为只能在农村市场与国内本土企业进行激烈的厮杀。20世纪90年代初,中国的电话普及率只有1%～2%,通信市场潜力巨大,给了华为足够的发展空间。信息产业发展快,天天都在发生技术更新,昨天的优势,今天可能全作废了。正是这种高速

---

① 20世纪80年代,中国通信市场被7个国家的8种制式设备瓜分。当时在中国通信市场的外国公司有日本电气(NEC)和富士通、美国的朗讯、加拿大的北电、瑞典的爱立信、德国的西门子、比利时的贝尔(BTM)、法国的阿尔卡特。

发展中的不平衡，给华为这样的小公司留下了很多机会。

1991 年，我主导开发的产品——小型模拟空分式用户交换机 HJD48 获得了成功，它是华为第一款自主研发的产品，当年就创造了一亿元的产值。没有喘息，华为把赚来的钱又投入局用模拟交换机 JK1000 和数字程控交换机 C&C08 的研发。1993 年，C&C08 在浙江义乌安装调试成功。三年之后，我们又推出了容量可达 10 万门[1]的交换机，终于在技术上拉开了与国内竞争对手的距离。C&C08 交换机的成功，让华为活了下来，也看到了在通信市场的未来成长之路。我们知道**自己实力不足，不能全方位去追赶，只能紧紧围绕核心技术投注全部力量，形成自己的核心技术竞争力。**

除了华为，巨龙、大唐、中兴[2]等本土企业的自主研发也获得了成功，中国企业群体突破程控交换机技术，终于打破了西方公司的市场垄断。20 世纪 90 年代初，程控交换机每用户线价格是 300～500 美元，老百姓申请安装电话又贵又难。1992 年，我家申请安装电话，初装费需要 4500 元，还要排队等半年以上，这钱大部分进入了西方公司的口袋。正

---

[1] 门是指交换机的容量，10 万门交换机即可以供 10 万电话用户使用的大容量交换机。
[2] 20 世纪 90 年代中后期，中国企业蓬勃发展，新兴的四家有代表性的通信厂商分别为巨龙通信、大唐电信、中兴通讯、华为技术，人称"巨大中华"。

是有了国内厂家的技术突破，程控交换机价格被快速拉了下来。不到四年时间，每用户线的价格就降到 70 美元，逐渐接近甚至低于国际市场价格，我国的通信发展也进入了快车道。1995 年 6 月 6 日，时任国务委员兼国家科委主任宋健视察华为，高度评价了中国本土通信企业取得的成绩。他认为，华为这几年主动出击，一举击中要害，进入高技术领域，取得如此好的成就，震动了大家，也给国家增强了信心。前几年有人很悲观，现在大不相同了。我们完全可以通过自己的创造力在各高科技领域占有一席之地。

1988 年，我和导师一起到华为做项目。任总问我导师一年有多少科研经费，我说 80 万～100 万元吧。他笑着说可以给我 1000 万元的研发经费，于是我就加入了华为。我刚来第一个月的工资是 300 元，后来每个月加 50 元。华为作为一家新公司，没什么包袱，用人机制灵活，愿意给员工合理的报酬，很快就吸引了很多人加入。**人才汇聚是有马太效应的，有了人才就会创造更多的财富，从而招聘更多的人才加入，公司就一点一点发展起来了。**

那时候华为员工大都是从学校刚毕业的大学生或南下深圳闯荡的年轻人，大家干劲很足，工作氛围非常好。深圳天气热，办公室里有空调，还有食堂管饭，员工基本上全天待在办公室里，专心写程序。大家一干就干到天亮，实在太累了，就直接去文件柜后面的床垫上休息一下，醒了接着干活，华为"床垫文化"就是这时候产生的。

  与员工干劲十足形成对比的是研发管理上的粗放。我做第一个产品的时候，当时市场上比较先进的是 256 门交换机，公司立项想做的就是 256 门交换机。后来我一算，最大容量可以做到 512 门，于是也没有正式的立项手续，我们就自作主张做了 512 门的交换机，竟然还成功了。当时产品开发几乎完全依赖几个技术水平高的牛人，他们奔走在几个产品开发项目之间，来回打"游击战"，整体研发效率低，产品的质量也不高。研发人员在升级的时候，发现这个版本不行，就干脆重做一个，也不继承前面的版本。工程师为了解决问题，不得不现场调试版本，眼看天要亮了，才不得不急急忙忙赶出一个版本临时救急[①]。可以说，那时候产品迭代和版本管理处于失控状态。

  当时项目团队各自为战，都自行采购材料、自主选择加工厂，整个公司没有统一的研发平台和研发管理，不仅效率低，质量也无法保证。1995 年，华为将所有研发项目团队整合重组，成立了中央研究部，形成四个业务部和一个基础研究部。

[①] 通信设备白天要保证正常通信。所有设备升级、维护工作只能在话务量较少的深夜进行，一旦到时间，必须恢复正常，绝对不能影响用户第二天的正常通信。

借鉴C&C08交换机的成功实践经验，中央研究部基于常识逐步建立起基本的研发流程和"三层五级"①的研发项目计划体系，开始加强研发项目的计划和执行管理。华为那时候的研发相当于高校里的科研，成果出来就行，至于能不能批量生产，开发人员并不关心。刚走出实验室的产品，功能、性能都不稳定，为了提升上市产品质量，华为成立了中间试验部，在研发和生产之间建立桥梁。中间试验部要把产品问题一点一点找出来，将故障隐患在产品大规模投产前解决掉。中间试验部的工作不仅解放了开发人员，而且通过小规模试产完成了一系列生产准备工作，有效地支援了生产部门，为后面抢市场赢得了时间，保证了产品的质量。中央研究部和中间试验部的成立，标志着华为研发综合管理初步形成。这也是华为在粗放管理下通过自我摸索形成的产品研发管理方法。从此，华为的产品研发管理能力开始逐步提升，也有了跨部门协作的雏形。

2. 从"游击队"到"正规军"

对华为来讲，**没有市场就没有规模，也就没有发展**。业务必须扩张，但很多问题亟须解决。对于从代理起步的华为

---

① 三层五级："三层"指产品、硬件/软件层及下一层的里程碑监控点；在"五级"中，一到三级是上述三层里程碑计划，四到五级为向下分解到周和天的计划。

而言，销售能力绝对是公司的核心竞争力。跟所有在发展初期的企业情况一样，华为销售英雄辈出，这些人手里掌握着客户，如果他们离开了华为，客户资源就跟着流失了。当年华为代理鸿年的产品被断货，就有能力强的办事处主任从公司辞职，直接找鸿年拿货，继续在当地做代理生意。销售过度依赖"草莽英雄"为企业发展埋下了隐患，一旦他们离开，就会给企业带来巨大损失。这并非危言耸听，类似情况在当时的中国企业中时有发生。2000年，某家电企业中国区销售总经理携100多名骨干集体跳槽至竞争对手公司，该企业的销售网络瞬间瘫痪，销售呈空壳状态。

随着华为在市场上的快速扩张，营销方式也发生了改变。过去的销售主要是客户关系型，随着华为不断向城市市场迈进，城市电信客户懂技术，对产品质量、功能等都提出了更高要求，华为的销售也要转变为技术型。最典型的例子就是华为人要用胶片投影仪给客户讲解产品，今天"胶片"一词在华为成为汇报材料的代名词就是源于此。销售团队不能只擅长做客户关系，还要懂产品、懂技术。当时华为大多数市场人员的知识背景、能力经验等都已经不匹配市场拓展工作需要，销售队伍亟须从"游击队"向"正规军"转变。

任正非自然看到了这个问题，那个时候他就已经在思考：华为要想长久活下来，怎么把销售英雄的能力转换为公司的销售能力？

(1) 市场部大辞职

华为要**提升公司的销售能力，就要建立规范的管理制度，有一支懂产品、懂技术的正规销售队伍**。全体人员都应该理解，公司在市场上的竞争力归根到底是由整体能力决定的，而不是靠个别销售英雄的突出表现。更重要的是，华为在1995年成功完成创业的第一个阶段，准备二次创业，踏上新征程。以后华为需要不断适应环境变化，组织和人员调整会时有发生，每个人都要有足够的思想准备。要实现这样的转变，单纯地靠鼓励、宣传是完全不够的，必须用一场激动人心的活动来促使大家理解、认可并愿意改变。

我当时是公司总裁办主任，也是市场部大辞职活动的组织者和亲历者。为了不伤害曾经为公司做出巨大贡献的功臣，又能满足公司的长远发展需要，我们进行了精心的准备，用一套组合拳来完成这次大范围的"布道"工作。1995年年底，来自全国各地办事处的100多人，回公司参加一年一度的培训活动。这次培训历时一个月，我们把市场部大辞职安排在最后，让培训在高潮中落幕。为了配合活动主题，在会前，我们还特意组织公司中高层干部集体看了一部电视片《中国牛王》，其中一个情节是领导者召集创业团队开了一个会，给每人发了一个金碗，让大家离开领导岗位，但继续拿分红，还可以在公司找到适合自己的工作……

对于这次活动，最难受的就是市场部主管。在会议前，我们与市场部主管一起工作，让他们参与活动的策划，而不是成为活动中被动接受评价的对象。我们策划市场部所有正职干部——从市场部总裁到各办事处主任，无一例外都向公司提交两份报告，一份是年度报告，一份是辞职报告。公司根据个人的实际表现、发展潜力及市场发展需要，批准其中的一份。辞职报告模板是我和市场部主管一起讨论出来的，保证活动有充分的酝酿，给大家足够的时间消化。

1996年1月28日，华为市场部集体辞职大会召开，会场上的横幅标题是"一个惊天地泣鬼神的壮举"。在集体递交辞职报告之前，任正非先做了重要讲话。他说："为了明天，我们必须修正今天。他们集体辞职，接受组织的评审，表现了他们大无畏的、毫无自私自利之心的精神，他们将光照华为的历史，是全公司员工学习的楷模。"这直接定调了活动的高度，将市场部大辞职定位为一个壮举，为了企业的生存与发展，大家有能上能下的心胸。这从根本上避免了市场部员工产生被公司抛弃的挫折情绪，减少了对活动的抵触心理。

大会专门请市场部代总裁毛生江上台讲话，谈自己的真情实感、对公司未来发展的信心。在市场部代表郑重宣读辞职书时，空气似乎凝固了，停了一会儿，大家才意识过来，爆发出热烈的掌声。之后许多市场人员自发地走上主席台，抒发自己的感想："为了公司整体利益，牺牲个人，我毫无怨言""作为一个华为人，我愿意做一块铺路石"……其他部门的人员也深受感动，纷纷发言表示要真心学习市场部的精神。时任党委书记陈珠芳感慨道："我工作了几十年，只是在今天这个独特的辞职仪式上，理解了牺牲的真正含义。"共同的目标、朴实的语言和真挚的情感，最终让这个活动被大家真心接受，从而产生积极影响。

市场部大辞职之所以产生巨大影响，不只是因为这一次活动，还有此后系列活动的持续"加持"。这次活动之后，公司高度评价市场部全体人员"为公司舍小我"的精神，称"烧不死的鸟是凤凰"。事实上，公司通过这次活动辞退的人员很少，市场部代总裁改任山东办事处主任，其他人员也有调整，从此华为再也没有"厅级""局级"干部。在活动举行一周年之际，公司发表纪念文章《胜则举杯相庆，败则拼死相救》，号召全体员工学习市场部的精神，让公司内始终充满危机意识，在做实中不断优化自己。2000年年初，公司举办了市场部大辞职四周年颁奖典礼，要求坚持发扬市场部的精神。市场部大辞职前，华为1995年的销售额为15亿元，经过四年的努力，1999年的销售额达到120亿元，这是非常了不起的成就。可以说，市场部大辞职经受住时间的检验，给市场拓展带来了成功，让我们有了敢于发展的信心。

市场部大辞职对华为影响深远。它是一场洗礼，给我们带来了自我批判的精神，实践证明这种精神是可以永存的。**它刨松了思想土壤，使干部能上能下，支撑了华为的市场拓展，也为后续变革营造了组织氛围，是一次非常重要的思想意识上的"松土"。**

市场部大辞职开了华为干部能上能下的先河，华为现在推行任期制，与其总体上是同一个逻辑。"流水不腐，户枢不蠹"，人才循环起来，企业才会保持长久的活力。任正非特别强调**任何变革不要动大家的存量利益，而是用好增量利益。**华为从创立以来，很少直接辞退员工，而是为他们提供合适岗位，保证基本的利益不变，这种做法可以将变革带来的阻力降到最低。有了利益保障机制，才能让变革工作顺利推进。

(2) 不依赖于个人的客户关系管理

通过市场部大辞职，华为建立了专业的销售队伍，同时着手建立组织级的销售能力。公司建立了轮岗制度，销售人员不能长期在一个省份或直辖市工作，每隔几年就轮岗。轮岗前，上一任要带着继任者逐个拜访主要客户并进行交接，确保华为在当地的销售能力不会随着人员的调离而削弱。

为了让"为客户服务，为客户创造价值"成为公司的核心竞争力,任正非最早提出组织级的客户关系管理概念。他认为客户关系有三层:组织客户关系、关键客户关系和普遍客户关系。

在技术迭代越来越快速、网络结构越来越复杂的时代,客户选的是什么?是公司——一个能够持久生存,为他们长期提供服务的公司。早在2000年,华为就在全国334个本地网建了客户经理部,这样客户才相信你们是准备在这个区域长期发展,而不是做一单生意就跑。与客户建立组织级关系,目的是实现长期互利。双方通过组织层面的峰会、CEO对话等进行战略对标,在互信基础上紧密合作,实现商业成功。1998年,华为跟客户一起深入调研,发现大学生与家人通电话困难,便挖掘出了"校园电话"这个新市场。双方成立新技术联合实验室,创造性开发出校园卡业务,帮助客户大获成功。这就是**组织客户关系,是两个组织间的信任和合作,它不依赖于两个组织中的少数几个人,不会因人员流动而受到影响**。

关键客户关系相对容易理解一些,也是所有销售组织特别看重的。建立关键客户关系,不是通过吃饭、聊天,而是主动发现并解决关键利益人关切的重大问题。华为各客户组织现在还有"CEO一件事"的专项工作,每年帮助客户CEO解决一件他最关心的重大问题,比如销售量下降,亟须推出新业务抢占市场。只有主动想办法解决实际问题，客户才会觉得你们公司是一个全心全意为他们服务的组织，才能建立信任、提升感知，获得更多的支持和机会。华为有一个共识：客户经理是客户代表，要站在客户立场批评公司，大到发货不及时、不齐套，小到技术人员在客户机房工作以为没人管便偷偷吃东西。只有时时刻刻把客户利益放在最高位，才能不断提升客户满意度。

普遍客户关系是华为差异化的竞争优势。任正非一直强调，我们做市场不能太势利，要拒绝机会主义，不能只盯着手里有合同的关键客户，有合同就呼啦啦都来了，没合同就呼啦啦都走了，这样会疏远与客户的关系。华为不仅客户经理要对客户负责，每层每级人员都要贴近客户，分担客户的忧愁，这样客户渐渐就给了我们选票，你一票，他一票，加起来，我们跟客户的黏性就增强了。举例来讲，为客户直接服务的一线人员要解决客户关心的具体问题，要经常去做日常巡检、例行拜访，这都为提升客户满意度打下了坚实的基础。**长期坚持做好普遍客户关系，组织客户关系才能持久。**

这样的客户关系管理是非常立体的，从组织间的互信互利和战略对标，到对关键客户的决策支撑，再到双方业务部门之间的顺畅合作，都有系统化的管理。**为客户服务的责任被分散到各层各级，从根本上避免个人英雄对公司与客户的**

长期合作产生影响。三层客户关系协同的核心是始终对准客户，以客户为中心，为客户提供优质服务，为客户创造价值。客户成功了，华为也就跟着成功了。

以客户为中心的核心价值观贯穿华为的成长过程，体现在方方面面。华为每年组织用户大会，倾听客户声音，与客户结对进行专题改进，定期汇报客户问题改进进展，请客户现场打分，改善客户满意度。为保障对客户界面的投入，费用管理规则中明确规定营销费用节约不归己、不允许挪用。IPD、LTC 等变革都是从客户到客户的端到端流程视角来优化管理体系，承载以客户为中心的价值观，让流程中的各环节、各组织都对准客户需求，支撑客户商业成功。

3. 从"拿来主义"到《华为基本法》

20 世纪 90 年代，华为发展很快，销售额几乎年年翻番，而当时的管理是碎片化的。为解决管理从无到有的问题，我们采用"拿来主义"，看到有用的方法就直接引进来。我们引入日本的 QCC[①]，提出"小改进，大奖励"，以提高管理水平，对每道工序、每个流程都孜孜以求地进行改进。公司有

[①] QCC: Quality Control Circle 的缩写，意为品管圈，指员工自发组成的小团队，集思广益解决工作中的问题，以提高质量和效率。

几百个品管圈，每个圈都很努力，提出了大量的改进建议，但公司在研发、制造、供应等领域的重大问题并没有得到根本性的解决，减人增效的目标没有实现。我们还引入美国的 CIMS① 以提升制造管理水平，之后又大力推行 ISO 9000 认证，尝试业务流程标准化。出现例外时，华为提出的解决办法就是建一条"胡志明小道"②，快速通畅地走特殊流程。华为人非常灵活，总是想办法绕过复杂的流程评审，结果"小道"越来越多，流程很难标准化执行下去。另外，我们还引进了 MRP Ⅱ，推行企业资源管理系统，但并没有带来运作效率的大幅提升。

当时华为的管理是非常现实和朴素的，基本上是由企业家按常识来管理企业。所有管理改进都不是事先规划好的，而是在野蛮生长中受事件驱动、以问题为导向而发生的。我们的应对策略也是急用先行，看到什么可能有用，就直接借用过来。正因为它们是东拼西凑的，不是系统性的，企业也就无法真正摆脱粗放管理的混乱局面。当时企业文化没有形成，管理风格没有建立，主管和员工的职业化程度都不高。

---

① CIMS：Computer Integrated Manufacturing System 的缩写，意为计算机集成制造系统。
② 胡志明小道：在越南战争期间，为了支持越南民族解放，运送兵力和武器装备的小路。在华为指为某件事建立的特殊流程。

每个员工都很有冲劲，信心满满，狼性十足，而高层领导却对企业长远发展忧心忡忡。2011 年，任正非在《一江春水向东流》中回忆了华为 20 世纪 90 年代的情形："公司内部的思想混乱，主义林立，各路'诸侯'都显示出他们的实力，公司往何处去，不得要领。"

(1) 制定《华为基本法》

华为初始创业主要靠企业家行为，创业者为了抓住机会，不囿于手中的资源，奋力牵引，凭着艰苦奋斗和超人的胆略，使公司从小发展到初具规模。以前华为不过百十人，任正非看到每个人，都叫得出名字；每个人做得怎么样，产品卖得好不好，他都了如指掌。为了迎接企业即将到来的高速发展，以及使企业更长久地活下去，任正非开始思考华为如何向职业化管理转变。他希望将华为过去多年宝贵而痛苦的积累与探索，在吸收业界管理思想的基础上再提升一步，成为华为走向职业化的指引，从而避免经验主义和幼稚病，这是 1995 年公司开始起草《华为基本法》的出发点。

任何一个企业要想长期生存和发展，首先必须回答清楚企业要往何处去，要成为一个什么样的企业，存在的价值和理由是什么，即弄清企业的使命、追求、愿景。自邓小平南方谈话以后，股票和房地产在深圳炒得很热，很多企业抵挡不住诱惑开始转型。任正非有发展科技企业的雄心壮志，因此《华为基本法》第一条①就明确要专注,把华为定位于信息技术领域,追求成为世界级领先企业、世界一流的设备供应商。

《华为基本法》最初定位是要回答三个基本问题:第一,华为为什么成功?实际上就是要总结华为成功的经验。第二,华为过去的成功能够使其未来获得更大的成功吗?就是要回答过去的成功有没有可能对未来有指导意义。第三,华为未来获得更大的成功靠什么?这是华为的"经典三问",也是所有企业总结过去和思考未来需要考虑的同类问题。时至今日,华为对这三个问题也没有最终的答案,仍在不断探索。

企业要长远发展,必须建立企业的基本管理逻辑,把内部关系理顺,使之充满张力,而不制约其发展。这其实就是要解决企业提高管理效率和员工持续创造价值时遇到的问题。任正非一直强调华为没有可以依赖的自然资源,只能在人的头脑中发掘出"大油田""大森林""大煤矿"。华为到底应该确立什么样的文化理念与价值分配制度,才能把优秀的人才聚集起来,团结全体员工走群体奋斗的道路,使员工

---

① 《华为基本法》第一条:华为的追求是在电子信息领域实现顾客的梦想,并依靠点点滴滴、锲而不舍的艰苦追求,使我们成为世界级领先企业。为了使华为成为世界一流的设备供应商,我们将永不进入信息服务业。通过无依赖的市场压力传递,使内部机制永远处于激活状态。

获得价值感和成就感，使企业产生效益？这一问题在《华为基本法》起草之初是经过反复讨论的，也是任何一个企业要长期生存必须解决的基本问题。

华为邀请六位专家学者参与《华为基本法》的策划和编制，并借鉴先进的企业管理理念，吸收大庆油田、IBM、爱立信等国内外企业的精华。在编制过程中，任正非要求不能蜻蜓点水——停留在表面，要深入结合华为业务实际，广泛听取员工声音，这样才有持久的生命力。经过两年零八个月的努力，八易其稿，最终《华为基本法》于 1998 年 3 月 23 日正式发布。

与发布相比，《华为基本法》反复修订和讨论的过程尤为重要。在起草的过程中，管理层对企业的价值观、发展方向、目标等反复讨论，对企业的治理理念达成共识，厘清了企业的业务逻辑。1997 年春节，公司号召每位员工带一份《华为基本法》打印件回家，在等待年夜饭的时候，给自己的父母认真读一读，听听他们的反馈，一字一句加深理解。**《华为基本法》凝聚了华为当时的理念、文化与价值观，是企业管理的精髓，也是公司上下形成合力的基础**。每个员工都对此有所感悟，就会重塑自己的行为。任正非说："《华为基本法》真正诞生的那一天，也许是它完成历史使命之时，因为《华为基本法》已经融入华为人的血脉。"

《华为基本法》作为公司管理思想框架，对统一思想、凝聚共识起到了重要作用，但其中的条文无法指导具体业务的开展，管理理念还没有融入业务流程，这也是后来引入业界领先公司管理体系的背景。例如，《华为基本法》中强调人力资本不断增值的目标优先于财务资本增值的目标，这个观点在华为内部得到广泛认同；《华为基本法》中确定人力资源管理的基本准则是公正、公平和公开，但对人力资源如何有效管理（包括流程、组织、考核、指标设计等）没有具体指导，难以落地。

我们也意识到，《华为基本法》受产业发展趋势、企业所处阶段、企业家管理理念的影响，不能一劳永逸，应随企业发展演进而不断修订。《华为基本法》第一条中非常明确地提出"为了使华为成为世界一流的设备供应商，我们将永不进入信息服务业"。这里的服务业指的是电信运营业，对于这一点，任正非有自己的坚持。华为卖机器就专心卖机器，如果华为和运营商一起做通信运营，必然会卖产品给自己，那样就没有市场竞争压力。我们不能把矛和盾都拿在手里，否则两个都搞不好。**企业要有一个倒逼的机制，只有通过无依赖的市场压力传递，才能使内部机制永远处于激活状态**。后来，国内某通信设备制造商在海外投资了某国电信业，把自己的产品卖给所投资的电信公司，短期内实现业绩增长，但企业竞争力却在这些好日子中逐步被消磨弱化了。随着通信行业的发展，服务业的范畴不断扩大，为了更好地经营，运营商越来越将网络的建设、维护和运营捆绑在一起。"华为不进入服务业"这个容易引起客户误解的说法，我们不再提了，但把"无依赖的市场压力传递"的内核保留了下来。

（2）企业文化和价值观

长期以来，任正非一直用愿景牵引公司前进，给工作赋予更大的意义。1994年10月，华为C&C08万门交换机在江苏邳州开局成功。任正非在庆功会上提出了"三分天下有其一"的宏大目标。《华为基本法》中更是明确定义了华为的追求是成为世界级领先企业，开宗明义、提纲挈领地确定了华为人共同的目标，描绘了未来的愿景。这个追求不仅有助于增加客户对我们的信任度，也可以激发全体员工的奋斗动力和脚踏实地的精神。正如有知识的人是让头脑指挥身体行动，华为是让企业文化和价值观指引员工前行。

在电视剧《亮剑》中，李云龙在军事学院的毕业论文答辩时说："任何一支部队都有自己的传统，传统是什么？传统是一种性格，是一种气质，这种传统和性格，是由这支部队组建时首任军事首长的性格和气质决定的。"可以说，华为的企业文化深深地打上了华为创始人任正非的烙印。企业家及企业家精神产生巨大的凝聚力，为企业带来无穷的力量。在创业的前十年里，他有很多关于企业文化的讲话，早年就说过"资源是会枯竭的，唯有文化生生不息"。随着企业的不断发展，企业文化在集体智慧下更加丰富。《华为基本法》经过系统性整理和提炼，在客户、员工、技术、精神、利益等方面都有阐述，华为的文化和核心价值观有了雏形。

华为在快速发展中深刻理解了客户的价值，提出了"为客户服务是华为存在的唯一理由"。在华为走向全球化的过程中，文化和价值观也需要越来越清晰地传递。2007年，华为启动了核心价值观的修订，面向全体员工征求意见，最终形成了六条核心价值观，在年报中正式对外发布。随着华为逐步从跟随者（Second Fast Mover）走向领先者，公司的文化也在继承中不断发展。2018年，公司进一步明确了"以客户为中心、以奋斗者为本、长期艰苦奋斗"的核心价值观，并把"坚持自我批判"确定为企业的自我纠偏机制。华为的文化和核心价值观的形成及发展，既是公司创始人和高层管理者长期思考的智慧结晶，也是华为员工长期坚守的行为准则。它们是看得见、摸得着的东西，融入了每个华为人的血液，成为大家集体奋斗的向心力和行动指南。

企业文化和价值观是企业发展的基石，也是推动企业发展的原动力。企业家创办企业的初心是什么？一群人加入一个企业的目标是什么？除了获得物质的回报和激励，最重要的就是在企业文化和价值观的指引下，实现公司的价值。一个企业如果没有愿景的指引，没有文化和价值观凝聚大家的信念，一旦遇到挫折，利益、待遇跟不上，企业员工就会作鸟兽散。2019 年，美国把华为列入"实体清单"，随后几年更是加大了制裁，但公司仍然业务平稳、组织稳定、管理有效、秩序井然。从外部看，华为是极其不平静的；但华为内部很安定，员工更是充满干劲，组织更加有活力，甚至有不少退休员工说："如果公司召唤，我将义无反顾地回来为公司贡献力量。"我最大的体会是**企业家精神就是"定海神针"，企业文化和价值观产生了巨大的向心力与凝聚力**。

二、规模扩张 —— 向流程化管理转变

1. 从单产品到多产品

20 世纪 90 年代中后期，中外通信厂家都寄希望于中国这个世界上最大、发展最快的市场，他们拼死争夺，导致交换机产品严重过剩。外国厂家凭借雄厚的经济实力和已占领

中国大部分市场的优势，在交换机产品上拼命削价，打压中国企业。华为在家门口就遭遇了全球最激烈，趋于白热化的竞争，必须拼尽全力向前发展。我们在新产品上进行大量投入，但投入的传输、接入网等新产品增长乏力，没能给公司带来预期的收入和利润。华为新产品收入占比仅为10%左右，远低于西方大多数通信公司25%～36%的比例。

1993年，中国第一个数字移动电话通信网（GSM）开通。短短三年后，移动电话用户就发展到了1000万。我们直觉上认为无线是一个发展机会，但要真正投资发展，却非常忐忑，因为要投入很多钱，技术水平能否跟得上，心里没底。为此，我们做了各种研究分析。1996年，全球固定电话普及率已经达到13%，预测未来五年复合增长率仅为6%，市场明显放缓。相比之下，未来无线市场的前景却十分广阔，虽然1996年的全球移动电话普及率仅为2%，但预测未来将有24%的复合增长率。我们认为无线是一个大的趋势，未来无线通信需求巨大，不奋力发展就没有未来，最终公司聚集人力，还是勇敢地投入了。华为从单产品到多产品的转变，是为了适应行业发展趋势和客户需求。

华为抓住了中国通信大发展的机会，靠C&C08获得了较快的发展，现在又进入无线领域。在企业达到几十亿元的规模后，如何持续增长？是依赖创业的英雄，还是建立一种机制？**企业家思考的首要问题是如何从偶然成功走向必然的长期发展**。公司虽然已经有了《华为基本法》，但更多的是企业管理的思想框架。只有把企业管理思想落实到流程、组织和IT中，才能形成规范的管理体系。

2. 从自我摸索到系统学习
(1) 走出国门，打开"天窗"

华为走职业化、规范化管理的道路，是自身生存和发展的必然要求。一方面，面对激烈竞争，华为要想走向国际市场，必须采取国际化的运作方式，遵守国际化的业务规则。另一方面，通信市场竞争激烈，只有成为大公司，才能有资格参加规模市场的分割角逐。企业缩小规模，就会失去竞争力；扩大规模，不能有效管理，又会面临死亡。**规模小，面对的都是外部因素，不以人的意志为转移。提升管理，面对的都是内部因素，企业自己努力可以解决**。因此，华为决定走向规模化，做好职业化、规范化管理，为未来长期生存奠定基础。

1997年年底，任正非带领华为高层团队访问了美国休斯公司、IBM、贝尔实验室与惠普公司。通过这次考察，我们对领先公司的管理有了新的认识：它们的管理先进、规范、体系化，但仍然保持着灵活性和响应速度。信息产业发展快且多变，企业必须具有规模才能缩短新产品的投入时间，但规模大了又容易产生官僚作风和运作低效问题，这非常考验企业的管理能力。以前华为一直是自己摸着石头过河，有时会摸错方向。任正非在《我们向美国人民学习什么》中讲道："我们只有认真向这些大公司学习，才会使自己少走弯路，少交学费。IBM 是付出数十亿美元直接代价总结出来的，它经历的痛苦是人类的宝贵财富。"

IBM 这个昔日信息世界的巨无霸，在郭士纳的带领下重新走上变革之路。经过一番变革努力，这家几近分崩离析的百年企业最终成功走出低谷，焕发了新的生机。纵观世界领先公司的发展历程，它们都不止一次经历重大业务变革，才能脱胎换骨，完成其阶段性跨越。**变革是公司所必需的战略性行为，企业唯有通过变革，才能在多变的市场中持续发展。**

IBM 副总裁送给我们一本哈佛大学出版社出版的书[①]，书中介绍了 PACE，IBM 就是吸收了 PACE 的精华形成了 IPD，后来我们发现朗讯等公司的研发管理方法也源自这本管理著作。我们如获至宝，一下子买回几百本，准备自学以进行研

[①] 这本书是 *Setting the PACE in Product Development*（《产品及周期优化法在产品开发中的应用》），书中详细介绍了产品开发项目从产品决策到生命周期终结的每个阶段。其思想来源于美国 PRTM 公司最先于 1986 年提出的产品及周期优化法（PACE，Product and Cycle-time Excellence 的缩写），这种方法对很多公司都产生了重大影响，IBM、朗讯、宝洁、杜邦、惠普都采用了此方法，它现在已经成为业界产品开发管理的通用参考模型。

发变革；但折腾了几个月，没什么效果。很明显，华为没有办法抓住头发把自己提起来，单靠华为自己进行变革，克服不了已有的局限性和阻力，根本改不下去。

（2）变革从规划开始

1998 年，我们决定请 IBM 顾问帮助我们进行变革。本来是想直接对准痛点启动研发变革的，但 IBM 顾问认为，**管理和 IT 建设是为了支撑业务成功，如果企业对目标、策略和业务模式没有达成一致，变革必然无法带来收益**。IBM 顾问建议我们先启动变革规划，这就是 I/T S&P 项目的由来。虽然项目名称是 I/T 策略与规划，但实际上这个项目从一开始就是对准公司总体战略规划和业务策略展开的。

我们在《华为基本法》中已经确定了公司的愿景：成为世界级领先企业和世界一流的设备供应商。为了实现这样的愿景，面对电信市场规模发展，华为必须从原来的"发明"模式转变为"量产"模式，比别人的产品做得快、做得好、做得便宜，才能形成足够的竞争力。IBM 顾问认为，华为的流程、组织和 IT 都要随之改变为"量产"模式，才能拥有足够强的执行力。为此，我们规划了八个业务变革项目和五个 IT 项目，并系统性构建 IT 能力。这是华为后来 20 多年变革的起点，我们也在这个项目中学会了变革规划的方法。具体变革规划内容和方法将在第三章中介绍。

IBM 规划的变革项目有一个特点，即项目名称中都有"集成"二字，英文首字母为"I"，如 IPD、ISC、IFS 等，意在强调**所有变革都是跨流程、跨业务集成的，多个功能部门一起协同运作才能发挥最大价值**。过去每个部门都建立了自己的功能流程，相当于在公司内挖了许多条地道，各地道之间只有很窄的连接通道，有的甚至没有连通，整体运作效率很低。强调集成的变革项目就是要建立公司统一的"地道"，实现流程端到端的贯通。流程、组织和 IT 三方面深度融合，才能有效支撑业务成功。

华为管理体系不断完善，支撑了华为之后多年的快速发展。从跟随者到市场领先者，再到今天的行业领先者，华为在业务战略上不断演进，而变革一直紧跟业务战略，及时优化管理体系以建立业务战略所需的组织级能力。

(3) IPD 变革

1994—1999 年，华为连续 5 年高速增长，销售额从 8 亿元快速跃升到 120 亿元。与此同时，整体研发管理的无序使得公司经营效率远低于国际领先企业。

华为第一款自研产品 HJD48 获得成功，随后的 JK1000 则遭遇了失败。之后 C&C08 获得了巨大的成功，成为公司的标志性产品，而同期开发的数字程控用户交换机 EAST 8000 又惨遭失败，同事们戏谑产品失败是因为名字取得不好，谐音是"易死的 8000"。这就是 1999 年之前华为产品研发的真实状况，产品研发成功具有很大的偶然性。可以说，那个时代华为研发依靠的是个人英雄。这种偶然的成功给公司发展带来了很大的不确定性。

华为在产品开发效率和质量上与业界优秀公司也有比较大的差距。研发部门不断地向公司要人、要钱，但公司并不知道产品什么时候能够出来。1998 年，华为产品开发的平均周期为 22 个月，其中需要花 7 个月来排除产品质量问题。同时期优秀公司的产品开发周期为 6～12 个月，IBM 更是以周来计算产品开发周期，而且这个周期中还包含测试后投产的时间。华为选择开发什么产品，更多是技术驱动的，大家都想用最新的技术，做出最先进的产品。我们很少自己主动取消产品研发项目，只有在市场上遭受失败才不得不关闭。

在 I/T S&P 规划的八个业务变革项目中，排在第一的就是 IPD。华为要想研发不失控，就要在产品研发领域开展变革。一边是广阔的市场空间和井喷的客户需求，一边是华为产品研发严重依赖个人英雄，效率和质量与业界优秀公司差距巨大，而自己按照 PACE 书籍变革又卡在了半路上。**从变革方法的角度看，当时在华为开展研发变革，既抓住了矛盾的主要方面，又具备较好的变革准备度。**

1999 年 3 月，华为启动了 IPD 变革项目，这是华为历史上第一个真正意义上的业务变革。第一阶段，IBM顾问花了大量时间深入调研，完成方案设计。2000年5月17日，在世界电信日这一天，华为第一个试点PDT①项目正式启动，侯金龙任试点PDT项目经理。经过近一年的IPD流程运作，试点项目于2001年4月28日正式向市场进行产品发布，项目计划偏差率不到5%。通过试点，IPD的流程和方法在华为得到了验证。在试点过程中，变革项目也带动公司各部门进行与IPD相关流程的优化。之后，我们在30%的研发项目中推行，最后才100%落地。历经四年时间，2003年，华为的产品开发模式终于切换到了IPD，所有的产品开发团队都开始按照IPD管理体系来运作。

IPD变革的核心理念是从技术驱动到市场驱动，把产品研发当作一项投资来管理。公司高层在访问IBM时，IBM特别强调不要把IPD看成研发一个部门的事，一定要从商业的角度看产品研发。任正非也多次强调，华为的工程师要做工程商人，做的东西要有人买，有钱赚。企业的一切经营活动都要围绕商业目标，产品投资要从技术导向转向以客户需求为导向，才能最终实现商业成功。

---

① PDT：Product Development Team的缩写，意为产品开发团队，负责对产品开发的整个过程进行管理，包括从立项到产品开发，再将产品推向市场，最后量产。

事实上，华为以技术为导向，在下一代通信网络演进策略上是走过弯路的。程控交换机的巨大成功和惯性思维，让我们坚信基于 ATM① 技术的综合交换机是领先的，而基于 IP 技术的软交换机只是 IT 厂商的"玩具"。我们不但没有及时倾听客户的需求，反而积极反对客户的软交换方案，导致客户对华为彻底失望。2001 年年底，中国电信选择五个厂家做试验，华为被排除在外，遭受了重大挫折。当我们认识到错误后，重新奋起直追，却得不到一个开试验局的机会，甚至我们请求仅以华为坂田基地做试验，也没有得到客户的同意。这是我们偏离客户需求、故步自封，以技术为中心而付出的沉重代价。

经过 IPD 变革，我们**通过流程重整建立了 IPD 结构化流程、跨功能团队，形成了产品开发的端到端管理体系**。IPD 流程提供了一套一致的方法，产品开发的每个阶段都有清晰的目标和要求，有规范做事的流程和步骤，产品开发的全过程变得可度量、可监控，降低了产品开发失败的风险。IPD 将可服务性、可制造性、成本竞争力、上市等都统筹管理起来了。

---

① 20 世纪 90 年代末，下一代通信网络的发展出现了两种演进策略：一种是 ATM 技术，它是一种基于电信的实时高可靠传输技术；另外一种是 IP 技术，它是一种基于互联网的简单传输技术。2001—2002 年，两种技术胜负已分，市场最终选择了 IP 技术。ATM 技术被市场淘汰的核心原因是技术复杂，导致实现成本太高，缺乏商业竞争力。

IPD 变革的关键就是要实现流程端到端打通。IBM 积累百年，各功能部门的能力很强，都在 90 分以上，只要端到端打通流程、职责定义明晰，就可以带来管理效率的提升。华为当时的能力严重不足，IPD 流程涉及的各功能部门，有的能力可能有 50 分，有的甚至不到 10 分，高低不齐，根本无法顺畅地将 IPD 流程跑起来，严重影响全流程运作效果。

IBM 顾问 Lew Kimmel（卢·金梅尔）建议华为成立 FE[①]项目，针对研发、销售、技术服务、采购、制造、供应等主要的功能领域提升能力。每个功能领域都会设置 8～10 个子项目，每个子项目都非常具体，2～3 个月就可达成目标。比如在技术服务下就有可服务性、技术资料编写、开试验局、项目管理等能力。这项工作持续了差不多两年时间，我们沿着 IPD 流程逐步汇聚组织能力，这样才真正把 IPD 流程执行好。

IPD 变革还包括产品重整，通过建立业务分层、产品异步开发模式，形成标准化、可复用的公共平台和组件。 我们已经把很多基础技术、基础平台、基础组件都开发好了，一旦一个新的产品需求来了，就用搭积木的方式，60%～70%的工作利用现有的平台和组件完成，剩下需要单独开发的工

---

① FE：Functional Excellence 的缩写，意为功能优秀，用于提升本部门支撑 IPD 运作的能力。

作量大幅减少。通过产品重整，降低开发难度，减少重复开发，缩短开发周期，有效提高产品质量。华为初步建立了从系统、平台、模块到器件等各层次的技术共享体系，形成了硬件、软件、芯片等多个研发能力域，构建了完整的研发平台能力。

华为人年轻有活力，为达目标灵活机动。新官一上任，总想否定前任的做法，推行自己的主张，新流程、新方法层出不穷，结果是反复"烙饼"、折腾，最后一样都没做深、做精、做透。任正非下决心踏踏实实、沉下心来学习IBM，为此他提出了**"先僵化、后优化、再固化"的指导原则**，并在IPD变革中始终贯彻。他把IBM的管理体系称作"美国鞋"，华为员工要僵化学习，坚定不移地"穿美国鞋"，如果不合脚就"削足适履"。之所以说"先僵化"，是因为华为当时的基础管理能力太弱了，在项目管理、产品规划、测试、代码规范等方面都不具备能力。仅凭着无知的热情，就想改变IBM的实践，那肯定是笑谈。任正非要求华为人跟IBM的人一起走路，才能明白"美国鞋"是什么样的，他们是怎么穿这种鞋走路的，只有这样才能深刻理解IBM这套管理方法的内涵。僵化3～5年之后，我们真正懂了，建立了基础管理能力，又亲身按这套方法做过产品，就知道如何优化了。优化的目的是使我们的管理变得更有效、更实用。优化后还需要固化，通过流程和制度实现管理例行化，通过标准和模板实现管理规范化，所有人都要遵照执行，就是要"萧规曹随"。固化是管理进步的重要一环，就像夯土一样，一层一层地夯实变革成果。这套方法在华为的变革工作中得到了很好的落实和应用。

2003年，华为全面推行IPD后，IPD管理体系使公司在产品开发周期、产品质量、成本、响应客户需求和产品综合竞争力等方面都取得了根本性的改善。经过五年实践，研发项目平均周期缩短了36%，产品故障率由10.4%下降到0.3%，如图1-2所示。IPD管理体系让华为的产品开发摆脱了对个人的依赖，实现了可预期、可重复管理。华为几万人的研发队伍，无论代码量多大，开发难度多高，都能按流程有序开展工作，最终都能推出高质量的产品。不仅如此，华为在进军国际市场时，IPD还成为华为与全球主流电信运营商交流的共同语言。如果没有建立IPD管理体系，后来英国电信（BT）、沃达丰（Vodafone）等来认证[1]时，我们就无

---

[1] 当时，英国电信是全英国最大的电信运营商，沃达丰是全球最大的电信运营商。它们对供应商要求严格，只有通过系统认证的厂商，才有可能成为它们的供应商。2003年11月，英国电信采购认证团首先来华为进行认证，经过严格认证后，华为成为其首选的21世纪网络供应商。2004年，沃达丰开始对华为进行为时两年的系统认证，之后与华为签署全球框架协议，华为正式成为沃达丰优选通信设备供应商。

法与这些全球领先的运营商对话和交流，也就不可能获得它们的入场券。

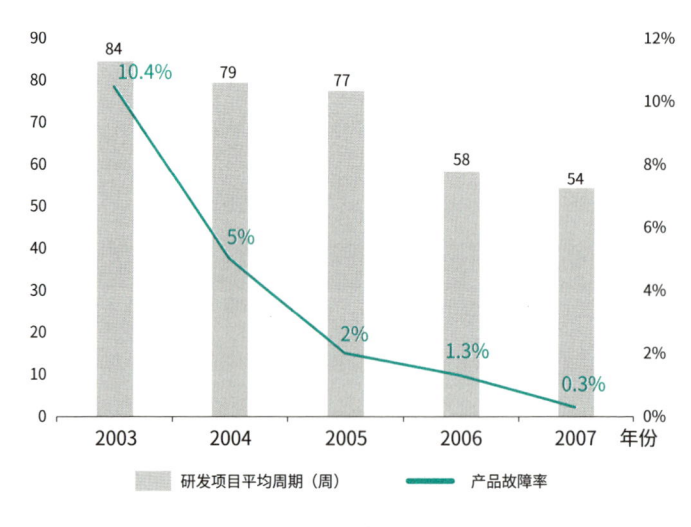

图 1-2　IPD 变革实践五年的成效

通过 IPD 变革，华为重构了产品开发体系，摆脱了产品开发对个人英雄的依赖，产品体系由偶尔推出高水平产品转变为可制度性地推出有竞争力的产品。今天，华为在运营商领域成为领先者，无线、光网络、核心网等多项产品在全球持续排名第一，但这不是某个人的功劳，而是群体商业领袖取得的成功。所谓"善战者无赫赫之功"，这正是通过 IPD 变革构建管理体系的价值所在。

华为 1999 年启动 IPD 变革项目是系统构建研发能力的起点，但 IPD 变革项目结束绝对不是研发组织级能力构建的终点。IPD 变革后，华为持续多年夯实变革成果，并不断演进。随着互联网、云计算技术的兴起，我们又引入了敏捷开发模式，流程持续演进以适配解决方案、服务、终端、芯片等不同类型的产品开发。现在，华为 IPD 流程已经演进到 13.0 版本。

(4) ISC 变革

市场快速发展带来丰收的喜悦，随之而来的是发货量的猛增。华为在 1996 年引入 MRP Ⅱ系统，但还没有完善的物料编码系统和相对稳定的 BOM[①]。MRP Ⅱ系统运行速度慢，有些功能不满足业务需要，业务部门自行开发小系统或手工处理，导致各种单据信息不一致。发货流程环节繁多，从前端工程勘测、报价，到齐套及合同处理，再到生产、理货、包装，每个环节稍有不慎就会造成发货错误。另外，销售预测准确率仅为 50%，急单太多，又造成后端的采购、制造、供应疲于应付。1997 年合同及时齐套发货率仅为 20%，每天都有十几起与发货相关的投诉，发错货、迟发货等问题层

---

① BOM：Bill of Materials 的缩写，意为物料清单，它记载了原始物料清单、各部件明细、半成品和成品数量等信息，供计划、采购、订单管理、生产、发货、成本核算等环节使用。

出不穷。这种"货梗阻"像一种难治的顽疾，造成施工现场停工待料，不仅影响了生产经营的良性循环，也损害了公司的品牌形象。为了解决这些问题，公司在1998年专门成立了"发正确的货工作组"，专项推动改进。

当时华为内部有这种说法："通信领域瞬息万变，市场需求波动大，交货期很苛刻，打乱了我们的计划和节奏，于是显得有点乱。"1999年10月，我们赴欧洲参观了诺基亚、ABB[1]等公司，所见所闻证明我们所谓的理由只是一个借口罢了，我们终于清醒地认识到了自己和世界一流公司之间的巨大差距。

在I/T S&P报告中，IBM顾问规划了MRP Ⅱ改进和供应链管理两个项目。我们把这两个项目合并为ISC变革项目，于1999年11月启动。ISC变革给华为带来集成供应链的理念，**供应链需要贯穿从供应商到客户的全过程，形成端到端业务流的集成管理**。ISC变革基于SCOR模型[2]，构建了华为第一个集成供应链管理流程，分为计划、采购、生产、配送和退货五个基本流程，如图1-3所示。过去，供应过程分散

---

[1] ABB：由瑞典的阿西亚公司（ASEA）和瑞士的布朗勃法瑞公司（BBC）于1988年合并而成，从事电力、自动化技术等行业。
[2] SCOR模型：英文全称是Supply Chain Operations Reference Model，意为供应链运作参考模型，它是国际供应链协会1996年开发的第一个标准的供应链流程参考模型，涵盖所有行业，是供应链领域有效沟通的通用标准语言。

在不同业务部门，大家各自为政，整体运作效率很低。全流程贯通后，需求和供应有效协同，实现了供需平衡，华为从此具备了基本的供应链管理能力。

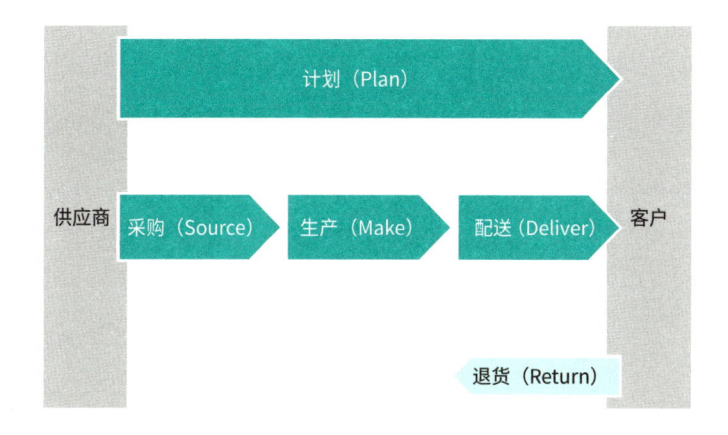

图 1-3 SCOR 模型

在 ISC 变革中，我们坚持 PEBT[①]策略，将多个分散的小系统进行集成，建立了以 ERP[②]系统和 APS[③]系统为核心，必

---

① PEBT：Package Enabled Business Transformation 的缩写，意为软件包驱动业务变革，指在软件包中已固化的业界领先流程不应随意改变。
② ERP：Enterprise Resource Planning 的缩写，意为企业资源计划，它是一种主要面向制造业进行物质资源、资金资源和信息资源集成一体化管理的企业信息管理软件包。
③ APS：Advanced Planning and Scheduling 的缩写，意为先进规划排程系统，它支持供应链的预测、计划业务。

要的外围系统为补充的集成 IT 平台，实现了采购、制造、计划、订单履行全流程的 IT 固化。

以前我负责生产管理的时候，所有的 IT 都是华为人自己用数据库 FoxPro 开发的，过程非常灵活，系统功能五花八门，很多时候都是拍脑袋加上去的。以当时的业务理解力，我们不可能把复杂的业务逻辑考虑周全，计划、仓储等过程都是割裂的。**我们引进成熟软件包，强制按照软件包的逻辑优化流程、理顺职责，改变工作习惯。**"削足适履"不是一个口号，在 ISC 变革中是通过贯彻 PEBT 策略来实现的，从而构建起一套相对成熟的供应链管理体系。

通过 ISC 变革，我们初步构建了以客户为中心、成本最优的集成供应链，凭借灵活性和快速响应能力形成竞争优势。经过几年的持续推行和改进，合同及时齐套发货率从 1997 年的 20% 提升到 2004 年的 85%，库存周转率也从 2.8 次提升到 3.9 次。

ISC 变革在启动时规划了三个阶段：1.0——打通供应链内部各环节；2.0——打通供应链与研发、销售；3.0——打通华为与客户、供应商。实事求是地讲，当时 ISC 变革只完成了 1.0，供应链内部业务理顺了，但面向研发和销售、客户和供应商的集成没有完成，这也是 2015 年启动"ISC+"^① 变革的主要原因。

相较于 IPD 而言，IBM 在 ISC 领域的咨询能力不足，面对华为复杂的业务场景，流程设计太理想化，与业务实际差距大，这也是导致变革无法深入的一个重要因素。我们从中获得启示：**顾问公司在变革领域的能力成熟度和经验积累对变革能否取得成功非常关键，选择有成功实践的顾问公司和有经验的顾问，才能让企业的变革事半功倍。**

（5）财务四统一

华为业务快速发展，重视市场和研发两大领域，但对各区域的具体经营活动和财务管理缺乏监控。20 世纪 90 年代，各办事处财务人员均由当地办事处主任招聘，他们直接向业务主管汇报，财务缺乏独立性。业务主管审批通过就可以付款，财务作业缺乏控制，有个别办事处的财务人员直接携款潜逃，资金安全等财务问题不断涌现。因为没有统一编码和统一的财务流程制度，财务报告主要靠手工汇总，导致财务数据不准确、报告不及时。为保证财务数据质量，财经部门专门成立审单部，负责审核单据、把

---

① ISC+：Integrated Supply Chain Plus，即在原 ISC 变革的基础上，以数字化的方式再次实施集成供应链变革。

关质量；账务中心还专题开展"抓臭虫"活动，强调"不要出错，不能出错，不再出错"。但仅靠员工的兢兢业业和责任心，终究难以保证公司财务安全，无法满足公司对业务有效监督的要求。

在企业管理进步中，财务的进步是一切进步的支撑，财务管理要贯穿整个公司的所有管理。 没有规范的财务服务，就不能用实事求是的财务数据为业务提供决策依据，无法对各项业务策略与措施进行评估和细化管理。没有有效的财务监督，公司就不能顺畅地对市场一线进行授权，市场一线也难以做好业务决策。财务的主要工作不在于每个月提交那些会计报表，而是要规范地为业务提供快捷、准确、安全的服务，使各项工作有据可依，成为公司业务快速发展的铜墙铁壁。

1999 年 3 月，为规范财务管理、提高管理水平，华为和毕马威（KPMG）合作，开展了"财务四统一"项目，即围绕统一流程、统一制度、统一监控、统一编码，将国内 33 个办事处的财务进行统一管理。通过"财务四统一"，我们基本实现公司对各业务单元的有效监控，提高了各业务单元运作的透明度。华为的财务由簿记员迈向了"以业务为主导、会计为监督"的管理模式。

"以业务为主导、会计为监督"是华为早期的企业管理指导思想之一。什么叫"以业务为主导"？就是业务敢于创造和引导需求，取得"机会窗"的利润，抓住机会，缩小竞争差距。什么叫"会计为监督"？就是为业务提供规范化的财经服务，规章制度就像一个筛子，财务按制度提供服务的过程，相当于用筛子筛了一遍，也就是完成了监督。我们要把财经对业务的服务与监督融进全流程。**监督不是要卡住业务，而是围绕业务提供规范化的服务，保障业务运作，这才是真正意义上的"以业务为主导、会计为监督"。**

3. 从个人智慧到集体决策

IPD、ISC 和"财务四统一"变革初见成效，但公司的组织体系还停留在原模式状态下。为了使变革成果更好地落地，并进一步提升整个公司的组织运作效率，2004 年，我们请美世（Mercer）顾问公司帮助评估和设计华为的组织体系。顾问认为华为没有中枢机构，这在大企业的有序运作中是不可思议的。

在顾问的建议下，华为成立了 EMT[1]，作为公司经营和客户满意度的最高责任机构，对公司战略与客户、变革与运作、

---

[1] EMT：Executive Management Team 的缩写，意为经营管理团队，它是公司最高决策团队，包括董事长、CEO、CFO、人力资源、战略与 Marketing（市场营销）体系、产品与解决方案、销售与服务、运作与交付体系领导，以及其他必要高层领导。

人力资源、财经等重大和关键问题做出决策，实现公司从战略到执行的闭环管理。

在经营管理团队运作中，任正非不愿做 EMT 主席，于是我们八个人组成首届 EMT，并轮值担任主席。每届 EMT 轮值主席不仅要负责 EMT 日常事务管理，还须明确相应的执政主题，对公司管理体系的进步做出建设性的贡献。他们必须克服"屁股决定脑袋"的本位主义思想，以获得别人对其轮值期间各项决议的拥护。在 EMT 运作期间建立了轮值制度，这也为后来的轮值 CEO 和轮值董事长运作打下了基础。经过一届届轮值官的循环推动，公司的管理体系得到了螺旋式提升。

为了支撑 IPD、ISC 的端到端运作，顾问帮助华为系统地设计了公司组织结构，建立了四大体系——战略与 Marketing 体系、产品与解决方案体系、销售与服务体系、运作与交付体系[①]，同时优化设计了财经、人力资源、流程 IT、企业发展等相关职能部门。

"人必有一见，集百人之见，可以决大计。"在完成上述

---

① 战略与 Marketing 体系包括全球 Marketing、战略规划部、品牌部。产品与解决方案体系包括各产品线组织和平台／技术研究组织。销售与服务体系包括全球销售部、全球产品行销部、全球技术服务部（GTS）、公共与客户关系部等组织。运作与交付体系包括供应链管理部、采购认证部、公司运作管理部、业务流程管理部、信息技术工程部等。

组织结构调整之后，公司继续完善决策制度。我们在实体部门中设置ST[①]和AT[②]。ST负责决策"事"，是日常业务协调与决策的平台，它要求上下游相关业务部门主管参与其中，强化流程中各部门的协作。ST采用首长负责制，业务决策过程中经各方充分讨论意见后，由ST主任对最终业务决策负责。AT负责决策"人"，是干部和人力资源管理最重要的平台，对干部选拔、梯队建设、员工评价与激励等进行决策。AT采用集体决策制，AT主任和成员每人一票进行表决，票数超过二分之一就通过决议，这种表决方式可以确保对"人"的管理尽可能做到客观和公正。

2021年，华为通过对AT进行改组来进一步完善AT产生和运作机制。AT主任通常由本组织的一把手担任。AT成员候选人由上级组织提名，候选人要面向所在组织全体员工进行现场陈述，并获得员工投票认可，最终由上级组织任命。这种组织提名与群众认可相结合的机制，避免上级权力过于集中，促进各级团队实现熵减，让优秀干部持续涌现。群众认可机制是一种制约机制，而不是动力机制；目的不是选出老好人，而是要领导听取群众意见。

[①] ST：Staff Team 的缩写，意为部门办公团队。
[②] AT：Administrative Team 的缩写，意为行政管理团队。

除了实体组织决策以外，华为还建立了各类专业决策委员会。比如产品投资决策机构为 IRB/IPMT[①]，技术决策机构为 ITMT[②]，销售决策机构为 SDT[③]，集成计划决策机构为计委等。这些决策机构采用跨部门团队的方式，基于业务流程进行专业决策，实现跨部门的协同一致，以最有效的方式开展业务。IRB/IPMT 集体表决时，采用少数服从多数制，只有半数以上赞成方可通过。主任有一票否决权，但没有一票通过权。通过这种方式，保证研发投资决策的有效性，确保产品的商业成功。

IPD 变革之前，产品开发的立项启动、技术路线、推向市场等基本上是研发部领导说了算。IPD 流程中分别设置 TR[④] 和 DCP[⑤]，由专家团队负责技术评审，由 IPMT 负责商业决策，**专业的人各自干专业的事，在一个流程中实现了专业评审和业务决策的分离，这是华为产品研发管理中一个里程碑式的改变**。正是借鉴了这个思路，华为逐步实现了专业决策和业务决策的分离。EMT 负责公司层面的综合业务决

[①] IRB: Investment Review Board 的缩写，意为投资评审委员会。IPMT: Integrated Portfolio Management Team 的缩写，意为集成投资组合管理团队。
[②] ITMT: Integrated Technology Management Team 的缩写，意为集成技术管理团队。
[③] SDT: Sales Decision-making Team 的缩写，意为销售决策团队。
[④] TR: Technical Review 的缩写，意为技术评审。
[⑤] DCP: Decision Check Point 的缩写，意为决策评审点。

策，决策之前需要获得专业的意见，EMT 每个成员就是在做单领域的专业决策。

华为通过上述管理团队运作，遵从民主集中的原则，建立了集体负责制，实现了从个人决策到集体决策的转变。这种民主集中的决策机制，在重大问题上发挥了集体智慧，防止一长制的片面性。这是华为成立多年来没有摔大跟头的原因之一，也是公司管理体系方面的又一次进步。

1998—2004 年，为了指导业务快速发展，华为每年会发布《十大管理要点》，以此牵引公司的管理进步。公司各部门都要认真学习、逐条讨论，结合本部门的业务实际进行细化落实。这种每年发布管理要点的方式，有很强的企业家特点，内容是企业家本人对企业管理的思考。2005 年后，随着 IPD、ISC、"财务四统一"等变革成果落地，华为组织体系职责明晰、运作规范，构建了基本的业务规则和管理体系，就不再单独发布年度管理要点了。

三、迈向世界级企业 —— 构建全球化管理能力

1. 从国内市场到全球市场

与国外企业的全球化视角不同，由于中国市场足够大和中华传统文化影响，中国企业更乐于在国内市场发展——"窝边有草，何必乱跑"。中国人下南洋、金山梦完全是生活所迫，华为走向海外也是受时势所驱。20 世纪 90 年代，中国加入 WTO 进入实质性谈判阶段，与之同步发生的还有中国电信业体制改革和企业重组。2001 年，中国形成了以中国电信、中国移动、中国联通、中国网通为代表的主流运营商格局。在中国电信业调整的那几年时间里，国内电信业投资有所放缓。华为心怀"三分天下有其一"的梦想，1997 年尝试走向海外，寻找更大的市场发展空间。2000 年，"雄赳赳，气昂昂，跨过太平洋"，正式开始了海外征途。

经过艰苦开拓，我们终于在海外市场站稳脚跟，销售开始快速增长。度过 IT 泡沫危机后，全球通信产业复苏，迎

来了世界各国投资建设运营商网络的新浪潮，海外 3G① 蓬勃发展，新网新牌运营商② 对华为的 Turnkey③ 项目需求激增。2005 年，华为海外业务已经覆盖了 77 个国家和地区，海外销售收入首次超过国内销售收入，在全球销售收入中的占比达 58%。图 1-4 展示了华为全球化发展历程，以及华为自 2000 年起，连续 14 年的海外销售收入和海外销售收入在全球销售收入中的占比。

公司业务繁荣发展的另一面是完全没跟上的管理。海外营商环境复杂，不同国家有不同的税务、法律法规要求，我们面临巨大的经营风险。更可怕的是，销售人员把国内随意承诺的工作习惯直接带到了海外。对于规模大、业务复杂的 Turnkey 项目，销售人员没有充分考虑项目交付实施的难度和复杂度。他们为了拿下合同，做大销售额，经常随意答应客户要求，将项目完工承诺日期草率地写进合同里，公司出现了"签得了合同但交付不了项目"的问题。那段时间我们天天"夜总会"④、日日"救火队"，当时有人戏称"即便从

---

① 3G：第三代移动通信技术。
② 新网新牌运营商只有资本，他们购买了运营牌照，但自身没有技术和专业队伍，不懂网络建设和运营。
③ Turnkey 有点像买房子的交钥匙工程，客户只管掏钱，从网络规划到站点获取，再到站点安装、调测，全部由供应商完成，最后把可以正常使用的通信网络交给客户。
④ 夜总会：此处指夜里总是开会，是华为内部的戏谑说法。

单位：亿元人民币

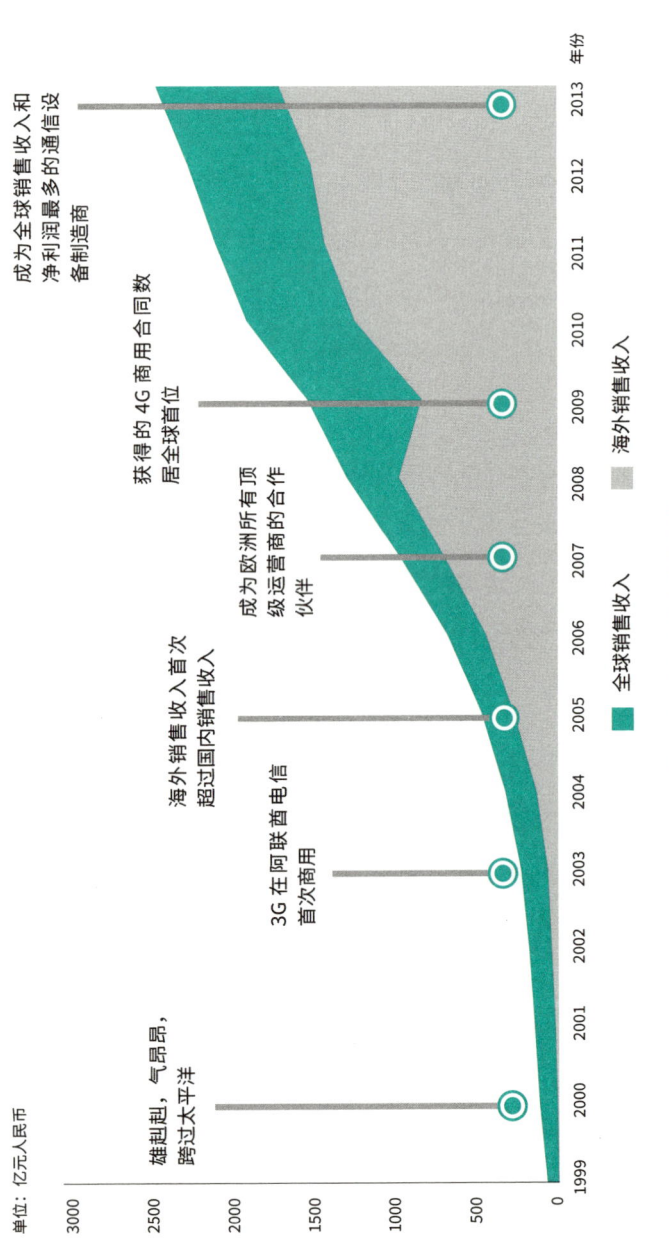

图 1-4 华为全球化发展历程

- 2000：雄赳赳，气昂昂，跨过太平洋
- 2003：3G 在阿联酋电信首次商用
- 2005：海外销售收入首次超过国内销售收入
- 2007：成为欧洲所有顶级运营商的合作伙伴
- 2009：获得的 4G 商用合同数居全球首位
- 2013：成为全球销售收入和净利润最多的通信设备制造商

全球销售收入　海外销售收入

4G：第四代移动通信技术。

月球上找一个项目经理,也无法交付华为签约的复杂项目"。而一旦交付出现延迟,华为就需要按合同约定向客户支付巨额违约金。埃及、巴基斯坦、巴西等国家的"大项目",随时可能把公司拖入危险境地。

2. 从机会驱动到扩张与控制的平衡

华为刚成立的时候,净利润率在 20% 左右。那个时候,我们只要签到合同,肯定就能盈利,这就形成了以销售为导向的文化。后来华为意识到在海外"有规模就有利润"的假设已经不存在了,如果继续以规模为中心,公司将会滑向深渊。那时候经常有主管喊着要进世界 500 强,任正非严肃地强调:公司增长到多少亿,做到世界 500 强的第几名,从来都不是华为追求的,我们从上到下要杜绝这个想法。他明确提出"正现金流、正利润流、正的人力资源效率增长"的要求,**华为必须从粗放式增长转变为长期有效增长,使自己具备长期竞争力,持续赢得客户信任。**

如何理解长期有效增长?短期看财务经营指标,收入、利润、现金流、运营效率等各项财务指标提升,即追求有利润的收入,有现金流的利润,不重资产化。中期看财务指标背后的能力提升,研发、销售、供应、管理等各类核心能力持续积累。长期看产业格局,使企业治理架构、商业模式、商业环境、全球竞争格局能够不断调整，适应环境变化。华为有一个非常形象的说法——"碗里有饭，锅里有米，田里有稻"，其实就是指长期有效增长。

华为对利润看得不重，而是以长远的眼光来经营公司，在合理的利润水平基础上追求成长的最大化。增长是硬道理，但如果增长中的风险不可控，将会给公司带来灾难。**业务扩张要有边界，在扩张的过程中要控制好风险。扩张与控制的平衡点是什么？就是实现企业经营的效率和效益目标，**其内在逻辑见图1-5。扩张与控制如何达到一种微妙的平衡，是管理的重要命题。这一阶段，华为变革的重心在于提升全球化经营水平，实现企业发展中扩张与控制的平衡。处理好扩张与控制这对矛盾，追求效率和效益，这也是我后来担任华为财经委员会主任的中心工作。

图 1-5　扩张与控制、效率和效益的内在逻辑

产业投入会有很大的滞后性，公司必须进行前瞻性、战略性的投入，才能构筑起面向未来的长期竞争优势。 当公司确定了一个战略机会，财经委员会要敢于用投资的方式把千军万马压上去，不仅仅是人力，各种资源都要配置到位，冲上去，撕开它，纵向发展，横向扩张。我们在主航道（如无线通信、数据通信）上坚持长期投资，对于非主航道也要敢于放弃，有聚焦才有明确的战略。在手机上，我们舍得"打炮弹"，在通信、照相和中文界面方面要做到最好，抢占制高点。在企业业务上，已经看准方向的，比如数据通信、数据存储产业，就会保持足够的投资强度。对于不确定性业务，我们会做分阶段、多路径、多梯次的投资，以保证适度的灵活性。对华为来说，**抓住了战略机会，花多少钱都是胜利；抓不住战略机会，不花钱也是死亡**。财经委员会要在多种不确定性、资源有限的情况下给出确定的判断，构筑公司的长期竞争力。

华为的商业模式是长期有效增长，不谋求赚大钱，这就不可能追求成本最低，不能重资产化。财经委员会要从公司视角来看成本结构、资产结构，把握方向，确定边界和规则，在中期时间跨度内实现调整。我们一方面加大对未来的投入，增强核心竞争力，另一方面不断挖掘内部潜力，降低运作成本。华为保持每年 12% 以上的研发投入占比，同时要做厚客户界面，不能随意减少对客户界面的投入，不片面追求费用率的降低。公司明确不开展以获取财务回报为目的的产业投资，所有投资不是为了多元化经营，而是为了弥补主航道竞争力的不足。

针对短期经营，财经委员会从公司整体视角例行"扫描"可能存在的经营风险，发现共性经营问题，牵引管理体系改进。海外规模上量时，财经委员会在例行审视中发现大量的坏账和应收账款，为此要求加大回款和现金流管理，明确责任，做好预算、考核和激励导向。海外市场增长很快，但印度、墨西哥、巴西等代表处[1]先后出现严重亏损，我们意识到这不仅仅是代表处的经营管理问题，更多的是公司前期重规模、轻利润带来的后果。对此，我们一方面从资源上对亏损代表处进行约束，一方面强调代表处要做好精细化管理，懂经营、会管理，在相同成本下为公司做出最大贡献。针对重大项目的经营亏损问题，财经委员会要求以项目为最小经营单元做好管理，并在公司建立项目管理体系，实现从以功能为中心向以项目为中心的运作方式转变。

(1) 销售服务领域变革

在海外销售初期，相较于国内，华为的海外销售与服

---

[1] 代表处：华为在区域的基本经营单元。

务能力要弱得多。当时华为的机会不多，见到一个投标机会就扑上去。这种广撒网、被动应标的方式导致销售项目成功率非常低，很多时候华为只是被运营商找来压价陪标的。销售组织以签单为王，但合同风险管理混乱，合同变更率高达56%，而同期国内合同变更率只有9.5%。售前、售后缺乏协同，超交付界面承诺等问题层出不穷，海外合同质量问题给整个公司的经营带来巨大风险。

到了2006年，华为已经服务全球绝大多数主流运营商，对客户和市场情况有了更加深入的理解，认识到要想管控好海外拓展的风险，需要尽快建立全球销售管理体系，从源头抓起，控制合同风险，落实按契约交付。

在公司历次变革中，销售和服务领域还没有系统开展变革，很多业务问题必须在销售前端才能系统性地解决。在这种背景下，公司启动了CRM变革，从管理销售项目、管理客户、管理市场和构建面向客户的一线销售组织等多个维度，构建完整的销售管理体系，其中最重要的就是LTC变革项目。

正如产品研发有IPD主流程一样，LTC是面向客户销售业务的主流程。**LTC流程在原有销售流程的基础上，向前延伸到机会点识别和线索引导。**销售人员关注客户痛点，加强对线索的挖掘、孵化，扩大喇叭口，及时发现机会并进行投标前的引导，把销售项目的成功构筑在投标前，以提升赢单率。因为 70% 的交付问题来自合同质量，所以 **LTC 流程向后延伸到交付和开票回款**。在 LTC 变革项目中，我们建立了完整的合同质量管理机制，统一合同质量标准和风险管理，让交付、供应、财经等专业人员提前介入销售环节，做好销售合同可执行性的专业评审。我们还建立了清晰的授权和行权机制[①]，通过管理好合同风险和盈利授权，显著提升了合同质量。为了更好地保障 LTC 流程执行，我们同步建立了以客户为中心的项目制铁三角运作团队，简称 CC3[②] 或铁三角。CC3 始终对准客户，倾听客户声音，打破功能部门壁垒，同生共死作战，承担起从线索到回款端到端的职责，确保 LTC 流程高效、高质量运作。

在 LTC 变革期间，华为销售部门对成功的实践进行总结和提炼，逐步形成了一系列"打法"和"招式"，比如"五看三定""五环十四招""九招致胜"等。这些方法论一方面继承了华为过往的销售成功经验，另一方面汇聚了业界最佳实践，为 LTC 流程落地提供了可操作的指南，共同促进了销

---

① 授权和行权机制包括三种授权（架构、模式价位、风险），四类评审（解决方案、服务交付、商法、财经）和一个综合评审，三层销售决策团队（代表处、地区部、业务单元），五个决策管控点（立项、投标、签约、合同变更、合同关闭）。
② CC3: Customer Centric Three 的缩写，包括客户责任人（Account Responsible）、解决方案责任人（Solution Responsible）、交付履行责任人（Fulfillment Responsible）。

售能力的提升。

对任何公司而言,销售领域的变革都是最具挑战性的。因为稍有不慎就会影响公司的业绩增长,对华为亦是如此。LTC变革的难度超出我们的预期,先后有四位高层赞助人(Sponsor)、三位项目经理、几百人投入,前赴后继,不断迭代。历经八年的推行及优化,LTC方案终于在各个代表处落地执行,重大项目中标率从2001年的低于5%提升到2009年的50%以上。海外业务从野蛮扩张走向高质量增长,实现了赢盈并重。

除了销售,华为的交付能力也严重不足,项目管理能力差、资源不匹配等导致的工程延期和工程质量问题屡见不鲜。国内的安装交付及时率为65%,海外的安装交付及时率只有29%。海外项目复杂,一个大型交付项目包含上千个站点,项目人员可达上千人,涉及网络规划、分包采购、物流供应、安装调测、验收开票等多个环节,但上下游脱节、信息割裂,全流程运作效率亟须改善。在客户要求快速交付、快速建网的压力下,部分区域预算严重超支、单站交付成本急剧攀升,某些项目中服务成本甚至数倍于设备销售价格。高投入并没有换来客户满意,客户搞不清楚我们多种角色的职责分工,他们抱怨华为不同的人轮番来,但找不到明确的责任人对合同全过程负责。2010年发生马电事件[①]，引发客户愤怒，直接投诉到公司最高层。交付能力已经成为华为在海外大规模拓展市场的四个竞争要素之一，严重影响了公司整体盈利能力和客户满意度。

海外大型交付项目复杂，从产品可服务性、销售合同质量到采购、供应等，都会影响交付成本和质量。ISD[②]变革不是局限于交付部门，而是打通研发、销售、采购、供应、交付等多个部门，建立面向交付项目的集成交付流程，实现各环节顺畅衔接。马电事件促使**我们改变了过去重点打通公司内部各环节的流程梳理思路，延展到从客户、华为和合作伙伴的集成视角优化流程，形成了三方集成的全流程业务视图，并构建了 ISDP[③]**，支撑交付项目高效开展。

交付项目在一段时间里需要调用大量资源完成交付工作，项目交付结束后，资源又会被闲置。为了解决业务波峰、波谷带来的资源需求周期性问题，支撑项目组及时获得所需资源，服务部门建立了全球、区域和国家三级资源中心，将资源上架，通过资源买卖机制，改善资源使用效率。我们建立

---

① 马电事件：2010 年，华为为马来西亚电信客户部署了多产品的全网解决方案，但交付时网上问题频出，客户 CEO 给华为董事长孙亚芳发来投诉邮件，批评华为在客户问题处理上轻慢、不专业，华为对此展开全面反思和讨论。
② ISD：Integrated Service Delivery 的缩写，意为集成服务交付。
③ ISDP：Integrated Service Delivery Platform 的缩写，意为集成服务交付平台，它开放给华为员工和合作伙伴使用，是服务交付的作业平台。

了以项目为中心的运作机制，项目经理是项目交付和经营管理责任人。合同执行中出现问题，客户第一个想到的就是项目经理。他基于预算，在全球范围内灵活调配资源，带领团队按合同交付，保证质量，降低成本，实现客户满意。

虽然华为的业务在海外快速发展，但价值客户的收入占比相对较低，获得的收入大多来自相对偏远的区域，在客户的核心价值区域占比不高。2011年，来自全球排名前50运营商客户的收入仅占华为运营商业务收入的38%，而同期业界领先厂商的这个占比高达70%。从客户投资视角看，价值区域的投资占比高，有些甚至达到全网的50%以上。价值区域网络密度高、结构复杂，突破非常困难；一旦突破，不仅可持续获得扩容红利，还能影响客户长期战略投资。可以说，**有了这样的价值市场，就有了稳定的"粮仓"和坚固的"护城河"。随着华为整体能力的逐步增强，我们必须从滩头阵地逐步走向价值市场，构筑起新的竞争格局。**

这一时期，我们启动了MTL[①]变革：一方面对市场进行细分，把经济价值大、与华为战略匹配度高的客户定位为华为的价值客户，并将优质资源向优质客户倾斜，更好地助力客户成功；另一方面不断加强营销能力，以市场、客户为导

---

① MTL：Market to Lead 的缩写，意为市场到线索。

向进行产品规划，通过展会、峰会、战略论坛等营销活动来引导客户需求，培育新的发展机会。培育市场、构建格局的周期很长，而市场人员更关注当期目标的达成，为此**我们优化了激励机制，不仅关注当期"打粮食"，还关注增加"土地肥力"，构筑未来持续的竞争力。**

我们"以客户为中心"持续做好市场细分和营销管理，最终在格局和份额上获得了回报，华为在价值客户、价值产品、价值区域的市场份额越做越大。2007年，华为成为欧洲所有顶级运营商的合作伙伴。2011年，来自全球排名前50运营商客户的收入占华为运营商业务收入的38%，经过5年的发展，2016年这个占比达到了65%，如图1-6所示。华为在收入结构上终于达到了和业界领先公司同样的水平。

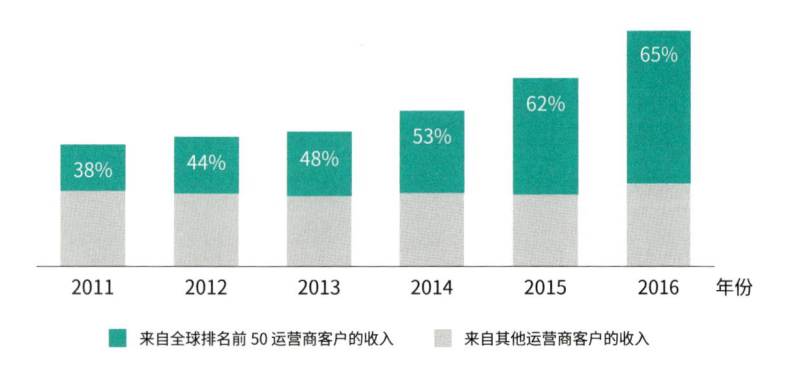

图1-6 华为运营商业务收入占比变化

(2) GSC/GSN[①] 变革

随着华为在全球的快速扩张，海外客户要求快速建网、快速运营，对发货齐套、供货周期提出了明确而严苛的要求。华为 2003 年完成的 ISC 变革，是面向单工厂模式及国内市场而构建的。在公司走向全球化的过程中，还需要解决供应全球化的问题。

一个 Turnkey 项目的物料不仅包含通信设备，还有铁塔、油机等非华为生产的产品。那时华为经常出现不可思议的情形：铁塔从欧洲采购运回中国，因为交付时间紧，又不得不花费高额的航空运费把包括铁塔在内的所有货物运到欧洲客户站点。以深圳为中心的供应模式，导致订单履行时间长、运费高，2006 年空运成本占华为全球运输成本的 85%，铁塔空运的费用甚至比铁塔的成本还高。不仅如此，货物从中国运到客户站点，中间任何一个环节出错，都会影响交付进度。2004 年，海外合同及时齐套到货率不到 40%，根本无法满足高端客户快速交付建网的需求。

为了提供优质、高效、低成本的交付，有效支持全球市场拓展，供应体系在 ISC 变革的基础上，启动了 GSC/GSN

---

① GSC: Global Supply Chain 的缩写，意为全球供应链。GSN: Global Supply Network 的缩写，意为全球供应网络。

变革，进行集成供应链的全球化改造，将供应链能力从中国延伸到全球。

中国企业走向海外，首先要考虑如何快速走出去。若采用自建工厂的方式，虽然企业掌控力强、产品有质量保障，但投资大，还要面对复杂的政商环境，对于刚出海的企业来说并不是最佳选择。**华为在走向海外的初期选择轻资产扩张，在海外不设工厂，"搭大船，过大海"，通过引入能力强、认可度高的EMS[①]和LSP[②]的方式出海。**其次要考虑如何科学布局供应网络，既快速供货，又成本最优。华为在全球统一布局，面向客户建立了三层供应网络，包括六个全球供应中心、七个供应节点[③]以及多个国家中心仓库，有效支撑了公司的全球市场拓展，华为也从原来的单供应中心模式转为多供应中心模式。供应体系用统一的"ERP+APS"集成了几十个IT系统，将物流计划、订单履行和生产计划有机结合，显著提高了海外订单履行效率。

通过建设全球供应链体系，华为在供应的质量、成本、

---

① EMS：Electronic Manufacturing Services 的缩写，意为电子制造服务，指为电子产品品牌拥有者提供制造相关的一系列服务。相较于传统的 OEM 和 ODM 仅提供代工，EMS 还提供采购、设计、物流、产品维修等服务。
② LSP：Logistics Service Provider 的缩写，意为物流服务提供商，指为企业提供运输、清关、仓储等物流服务的供应商。
③ 华为曾先后建立了欧洲、巴西、墨西哥、印度等供应中心，以及迪拜、荷兰、中国等供应节点。

柔性和客户响应速度上都取得了明显改善。全球供应网络就像橡皮肚子，具备了柔性供应能力，在需求高峰期能抓住机会，在需求波谷期能消除冗余。海外合同及时齐套到货率从 2004 年的低于 40% 提升到了 2010 年的 90%。

华为在引入 EMS 的同时，一直坚持外包与自制结合的方式，从来没有放弃对核心制造能力的掌控。 自制主要在产品试制、新品生产、核心部件制造以及多品种、小批量生产上下功夫，控制好产品的质量。当生产出现异常情况时，能够快速找到外协厂商，确保产品顺利生产。正是因为有这样的原则指导，华为在遭受美国极限施压的情况下，能快速完成零部件替换，保障业务连续性和产品生产质量。

(3) IFS 变革

海外市场野蛮生长，公司对海外业务运作的控制力度很弱，缺乏有效的管理手段，经营管理无法做到可预期、可信赖。有不少海外项目概算时亏损几千万元，结算时却盈利了，项目经营结果不可信。华为在海外的经营结果由代表处上报，机关完全不知道真实情况。涉及经营、考核结果的讨论最后常常演变为争吵，谁嗓门大听谁的。公司最终经营数据以谁为准，甚至要通过开会投票来确定。这些问题直到 IFS 变革后实现了数据透明，不允许代表处自己出报告，所有财务数据均取自 IT 系统，才得以彻底解决。

面对亟待提升的公司财经管理能力，2006 年年底，任正非给 IBM CEO 写了一封信，感谢 IBM 帮助华为实施了 IPD 和 ISC 变革，并邀请 IBM 派专家来帮助华为做财经变革，即 IFS 变革。**公司定位 IFS 变革不是财务系统的变革，而是公司的业务变革，变革的目标是做好扩张与控制的平衡，用规则的确定应对结果的不确定。**只有这样，才能支撑公司长期有效增长，让公司活得久、活得好。2007 年年初，IBM 派专家团队与华为一起完成 IFS 变革规划，将 IFS 变革分为两个阶段，即 Wave1（确保数据准确）、Wave2（有效管理业务），并规划了 21 个子项目。2007 年 6 月，IFS 变革拉开了大幕。我做赞助人，孟晚舟担任项目群总监，苏宝华担任项目群经理。

IFS 变革第一阶段重在打通业务与财务。变革项目沿着从机会点到回款、从采购到付款等业务流来打通业务和财务，使交易流程与财务流程有效集成起来，实现面向客户合同打通回款、收入、项目预核算。为了提升合同履行能力，为下游提供准确的合同信息，借鉴 IBM 的实践，公司专门成立了 CSO[①] 组织，作为合同履行的枢纽，由它统一负责合同解析、合同注册、交付触发开票等。到了 2013 年，开票周期从 2009 年的 28 天缩减到 2.2 天，开票触发准确率从 76% 提高

---

① CSO：Contract Support Office 的缩写，意为合同管理及履行支撑部。

到 97%，收入触发准确率从 53% 提高到 90%，这些数据的改善意味着业务与财务的打通已经取得了实质性成效。

我们沿着 LTC 流程，构建了一套完整的项目经营管理体系。最初只有一半的项目做了预算，经过 IFS 变革后，所有项目均开展"项目四算"[①]，项目核算和决算都对准项目预算，项目预算的严肃性得到了保障。"项目四算"由项目财务人员负责，财经体系将项目财务经验作为财经人员成长与晋升的必备条件。新员工优先去做项目财务，深入一线，熟悉业务和财务，在掌握项目这个最小经营单元的经营管理后，才会被提拔去做客户财务、代表处/地区部财务等。现在公司各级 CFO 主管大部分是经历项目财务岗位而成长起来的。

IFS 变革第二阶段旨在提升公司财经专业能力，包括资金、税务、成本和存货、报告与分析、计划预算预测等。在资金管理方面，通过重构业务架构和组织布局，全球 94% 的资金实现了系统化、集中化的统一调度，在保证资金安全的基础上，快速满足了业务所需。报告与分析平台整合了业务和财务的多种数据，使经营数据真正做到"数出一孔"。超过 80% 的日常经营报告可以在系统中自动生成，业务主管可以自主按需取用，大幅提升了经营管理效率和质量。

---

① 项目四算：项目的概算、预算、核算和决算，覆盖项目全生命周期的经营管理。

我们用了 8 年时间，完成了 21 个子项目的启动、设计、试点和推行，构建了公司的财经管理体系及财经专业能力，在准确确认收入、加速现金流入、项目损益可见、经营风险可控等方面都取得了根本性的进步，在项目层面和责任中心层面的经营管理能力都得到了系统性的提升。**打通了业务和财务，我们才能真正在扩张中做好控制，在业务开展中做好经营管理。**

（4）内控与风险管理

业务发展得越快，管理覆盖就可能越不足，可能产生的漏洞也就会越多。如果风险不可控，将会给公司带来灾难。我跟业界的朋友聊天，很多人都会谈道："依照华为的竞争力和拼搏状态，没有竞争对手可以将华为打倒，华为最大的风险就来自内部。"确实，内部的贪污腐败、以权谋私和业务作假等都可能导致华为衰落。公司在审计中发现，海外某代表处账户上的几百万美元，只需要一把手审批就能全部划走。2003 年年底，英国电信进行供应商考察认证时，就直接指出华为在风险管理上存在缺失："犹如一个婴儿在铁轨上蹒跚。"

我们参考国际内部审计师协会框架和 IBM 实践，建立了华为内控与风险管理的三层防线：

第一层防线是业务主管和流程责任人，他们是内控的第一责任人。没有业务就没有风险，95% 的风险都应该在业务中得到管理，因此第一层防线是最重要的防线。全球流程责任人理念是华为内控的基石。一个好的流程中嵌入了相应的内控要素，业务按流程执行了，也就是满足了内控和风险管理要求，达到"润物细无声"的效果。除了流程体系建设，还要做好责任体系建设。没有责任，流程很难得到有效遵从。流程责任人在流程设计和测评中落实内控要求，履行其作为内控第一责任人的职责，确保所有流程的遵从可衡量、绩效可测评、处罚标准明确。

第二层防线是内控及风险管理部门，集团 CFO 负责内控整体管理，落实公司内控要求，监控所有流程和业务单元的内控与风险管理。 内控部门要做好内控方法论的开发优化、内控工具[①]的推广和赋能，帮助业务建立起流程和内控风险管理体系。如果业务负责人不重视，单靠内控人员是解决不了问题的。设立这层防线的目的是让业务这列火车快速跑起来，而不是把内控部门越做越大，过多干预业务。针对跨领域、跨流程的高风险，内控部门会拉通管理，落实责任并跟踪闭环。

[①] 内控工具包括遵从性测试（CT，Compliance Testing 的缩写）、主动性审视（PR，Proactive Review 的缩写）、半年度控制评估（SACA，Semi-Annual Control Assessment 的缩写）。2017 年，华为达成内控基本满意（60%）的目标，SACA 改为年度评估。

第三层防线是内部审计部，通过对业务和内控管理中的疏漏进行独立评估和事后调查，既建立威慑，也修补漏洞。流程是华为业务管理的基础，基于流程开展打分审计是华为内部审计部的重要工作之一。内部审计部独立于公司所有业务部门，直接向公司审计委员会汇报。

在华为快速成长的20年里，我们目睹了国内外很多企业从辉煌到瓦解的过程。2001年安然事件、2002年世通事件中的虚构交易、风险隐瞒等很多都是由高层指使或授意的。单凭内控和风险管理方法难以解决管理者特权凌驾、集体舞弊的问题。华为从公司高管做起，率先垂范，建立内控基调。2007年9月29日，公司举行了首次《EMT自律宣言》宣誓大会。面对与会的200多名中高级干部，所有EMT成员上台集体庄严宣誓并各自郑重承诺。我正好是EMT轮值主席，我做了《决不让堡垒从内部攻破》的报告，强调干部要正人先正己，在做好自我监管的基础上推动和监督各级主管检查及改进。自此，从上到下各部门管理团队每年都会宣誓，新主管上任前同样要完成宣誓。管理团队的自律宣言不仅在公司内营造了严肃的内控氛围，让员工形成了内控及风险意识，也通过这种方式让干部感受到了洗礼和震撼，加强自我约束并接受全员监督。

华为的内控和风险管理基本解决了流程遵从和财报质量等问题，各业务领域的风险得到有效控制，损失和风险敞口持续下降。2017 年，华为内控成熟度整体上达到了基本满意，这也是公司设定的内控目标。**我们在内控上不追求完美，百分百满意需要企业内部流程强管控，这意味着很高的管理成本，会削弱企业的竞争力。**

在三层防线的基础上，我们不断优化公司的内控管理体系，并参考了国际内部审计师协会 2020 年发布的内控与风险管理三线模型，如图 1-7 所示。在新的三线模型中，第一线需要不断学习和适应变化，通过数字化等手段提高业务过

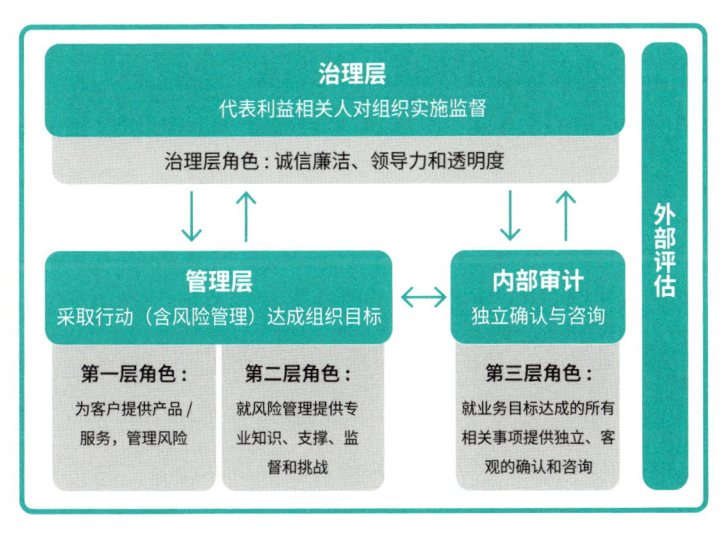

图 1-7 内控与风险管理三线模型（2020 年）

程中的风险管理能力，及时识别和发现问题，做到预防风险。第二线需要积极参与业务决策，提供各种自动化工具，主动评估风险并提供合规建议。第一线与第二线紧密协作，共同推动事中改进以应对风险。在今天高度不确定性的环境下，有些风险是防不胜防的，保守地可丁可卯去防，并不能让企业立于不败之地。企业要在业务层、管理层、治理层做好设计，编织好"笼子"，让业务在"笼子"里自由运作。

（5）DSTE 变革

随着运营商业务在全球逐步开展，海外收入超过国内收入，华为已经成为一家全球化的企业，获得了一定的竞争优势，在价值区域、价值客户中不断取得突破。如何更有效地发展成为重要课题，开展中长期战略规划也变得越来越重要。

2006 年，公司引入美世的 SP[①] 流程和 VDBD[②] 方法，正式开始在产品线、地区部等主要业务单元开展中长期战略规划，用未来 3～5 年的战略目标牵引业务增长。2008 年，华为从 IBM 引入 BLM[③]，确定了从战略制定到执行的完整思考框架，如图 1-8 所示。BLM 左侧战略的四个模块，提供了战

---

① SP：Strategy Plan 的缩写，意为战略规划。
② VDBD：Value Driven Business Design 的缩写，意为价值驱动业务设计。
③ BLM：Business Leadership Model 的缩写，意为业务领导力模型。

略制定的方法，能帮助企业管理者更好地应对不断变化的商业环境。很多企业做完战略规划后，战略被锁在高管的抽屉里沦为废纸，这样的战略是不可能发挥作用的。BLM强调战略不能纸上谈兵，要切实落地执行，实现从战略到执行的闭环。BLM右侧的执行模块，可以将战略有效转化为关键任务，并通过组织、人才、氛围与文化的匹配，保障战略落地执行。都说战略规划是老大难，"老大重视就不难"。业务部门一把手要发挥领导力，基于企业核心价值观，亲自领导战略规划。管理团队通过多次战略研讨，明确了战略意图和方向，对战略有了清晰、一致的理解，才有可能落地执行。因此，BLM特别强化了领导力和价值观在从战略到执行闭环中的重要作用。

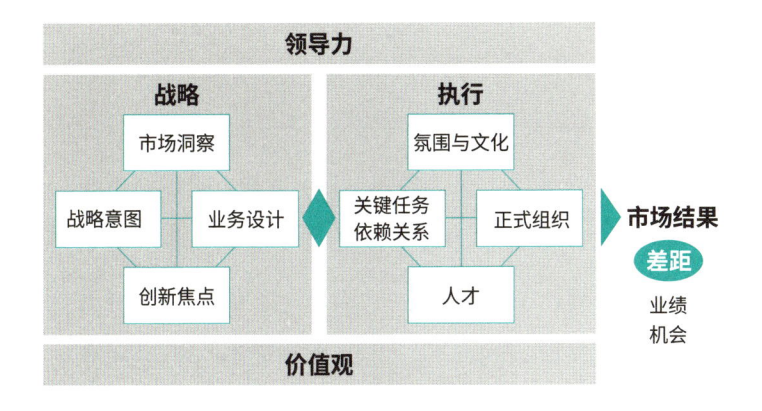

图1-8　业务领导力模型

经过3年的BLM实践，各业务单元对如何抓住机会快速成长具备了洞察力和执行力。2010年后，华为在通信领域已经成为全球领先的设备供应商，但公司上下普遍缺少对如何成为行业领导者的思考，对运营商业务即将面临增长的"天花板"缺少前瞻性规划。我们必须进一步优化战略管理，通过中长期战略牵引公司前进。2011年，华为开启了DSTE变革。我把DSTE流程定位为董事会层级的流程，年度业务计划要与中长期战略有效衔接，各业务单元规划应与公司战略协调一致，真正实现公司从战略到执行的全面闭环，如图1-9所示。

公司中长期战略规划由高层管理团队领导，DSTE相关评审与决策安排提前写入公司高层会议日历中，确保高层管理团队能够集中时间对公司未来发展的方向进行专题研讨，并达成战略共识。每年4～10月是战略规划期，公司确定战略指引后，主要业务单元按照BLM制订未来5年的战略规划，并分层分级获得批准。除了业务规划之外，财经和人力资源都需要从公司视角完成财经业务、人力资源业务的SP，将业务战略落实为一系列的财务、人力资源计划，支撑业务战略落地。

从10月到次年2月是年度业务计划期，各业务单元要完成年度业务计划与预算。SP最近一年的财务数据就是下一年年度业务计划的输入，实现战略规划与年度预算的衔接。每年2～3月，各级组织基于年度业务计划及预算制定

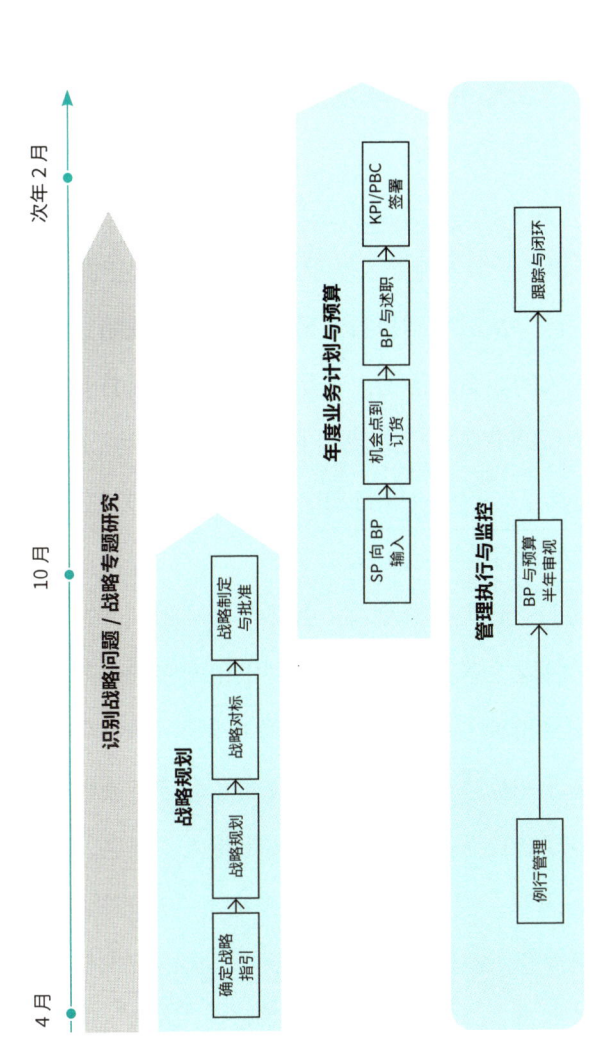

第1章 华为发展史是一部变革史 075

图 1-9 DSTE 框架

BP：Business Plan 的缩写，意为业务计划，在华为 DSTE 中是指年度业务计划。
KPI：Key Performance Indicator 的缩写，意为关键绩效指标。
PBC：Personal Business Commitment 的缩写，意为个人绩效承诺。

KPI，并纳入管理者 PBC 中。之后进入例行的管理执行与监控环节，并进行半年审视，确保重点工作、预算得到落实。至此，公司完成了战略规划—年度业务计划—执行的全过程，形成从战略到执行的闭环。

BLM 看起来简单，但一个组织要想真正具备从战略到执行的能力绝非易事，千万不能陷入基于模板制作一份 SP 报告就万事大吉的误区。**从战略到执行，最重要的是对战略方向和业务模式有深入的洞察和思考，在组织内达成共识并有效落实**。对于一个新的业务单元，我们的体会是大约要经过 3 年的实践，才能真正形成有质量的 SP，这也意味着 DSTE 已经内化为该业务单元的组织能力了。

目前华为的 DSTE 流程很完善，各环节环环相扣。在流程的指导下，把各层主管、专家们的碎片化和无序的思考变成战略洞察及规划非常高效，但同时流程也显得有些厚重。华为有些业务单元把战略规划当作一种仪式，为了走流程而走流程，对战略规划缺乏深入研究，其实是走入了误区。流程不会自动产生思想，规划和执行能力决定了战略的质量。苹果、微软公司都有机制保障专家充分参与产业、技术趋势的研讨中，通过专家的不断挑战、反复质疑，"碰撞"出思想火花，逐渐探索到新的产业方向。原来华为也有高质量的技术研讨会、战略务虚会，但现在有思想、有洞察力的新生力量参与得少了，很多讨论变成了一群远离技术、客户的主管的高谈阔论，难以产生真正的见解，无法形成商业闭环。我认为无论是主管还是专家、老员工还是新员工，只要有独到的思考和见解，都可以加入战略专题研讨中来。只有踏踏实实地做好战略专题和战略落地，正确、高效地执行流程，组织才能构建真正的战略规划能力，在发展中抓住机会。

(6) 三支柱模型

华为业务快速发展，我们要从只强调规模转向同时关注规模和效益，避免盲目扩张人力；但对于职能部门（如人力资源、IT、法务等部门）的人员增长，始终缺少一种有效的约束机制。**职能部门同时具有业务管理与监控、有效服务与支撑等多项职责**。如何在提升人均效益的基础上，做好对业务的监管和服务，是我们一直思考的难题。

为此，我们引入三支柱模型，对人力资源等职能部门进行专业化分工、系统化协作，希望快速构建起支撑型组织的能力。

基于面向业务部门的不同定位，三支柱模型将职能部门划分为三种角色——BP[①]、COE[②]、SSC[③]，图1-10是以人力资

[①] BP：Business Partner 的缩写，意为业务伙伴。
[②] COE：Center of Expertise 的缩写，意为能力中心。
[③] SSC：Shared Services Center 的缩写，意为共享服务中心。

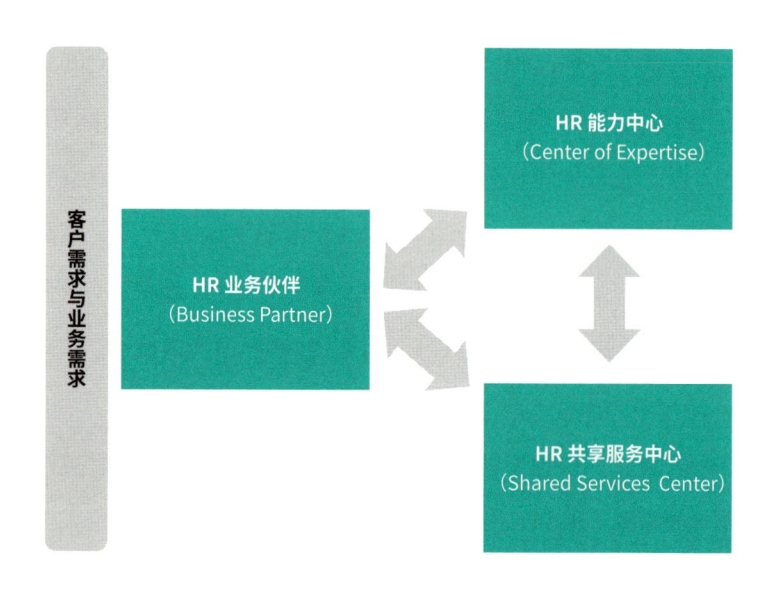

图 1-10 三支柱模型（以人力资源为例）

源为例的三支柱模型。

BP 是业务部门的合作伙伴，也是职能部门的核心角色。HRBP[①] 负责为业务部门提供员工招聘、绩效管理、培训发展、员工关系管理等人力资源能力，以支持业务部门实现其业务目标。正是有了 BP 这个角色，职能部门才有了敏锐的触角，能够贴近实际作战的业务组织，助力业务达成目标。

COE 是职能部门的领域专家，他们负责提供高水平的专

---

① HRBP：Human Resource Business Partner 的缩写，意为人力资源业务伙伴。

业知识和专业化的服务。人力资源的战略规划、人才管理、组织发展等都有专门的 COE 组织，他们制定人力资源领域的政策、规则，并使能 BP 和 SSC，为业务提供专业的建议。

SSC 是职能部门中的标准服务提供者，他们负责提供统一标准的共享服务。SSC 通常从质量与效率提升角度，将职能领域内流程清晰、标准化、事务性的工作（如员工入职与离职手续办理、发薪、考勤等）分离出来集中处理，通过集中化、标准化和自动化的方式，保证服务水平和流程的有效执行。

在三支柱模型传入中国后，许多有一定规模的企业都按照三支柱模型对人力资源部门进行了重新划分和命名。我跟很多企业家交流过，他们认为自己企业的人力资源工作不尽如人意：业务增长迅速，但人力资源部门却在拖后腿，所谓的"三支柱"不过是改个名字而已。

华为要求人力资源主管要"眼高手低"，既能站在战略的高度看到业务挑战，又能帮助业务主管扎扎实实解决人力资源问题。最好的人力资源主管就像《亮剑》中的赵刚那样，当好李云龙的助手，打造一支有战斗力的队伍，与业务主管一起打胜仗。

人力资源要真正成为业务伙伴，第一关就是要理解业务，融入业务。如果连业务是什么都不清楚，开会也听不懂别人讲什么，那怎么评价、怎么分钱？为业务提供高价值的服务就成了一句空话。融入业务对原来的人事经理来说比较困难，需要较长的转变过程。华为反其道而行之，选拔很多优秀的业务主管，让他们转身做人力资源主管。通过这种方式，我们快速构建起各级人力资源主管队伍，将"指导员"配置到"连队"。针对人力资源专业员工，则要求他们打起背包、捆起绑腿，深入一线，到战场上"开几炮"，这样才知道如何主动服务业务。

人力资源要成为业务伙伴，必须聚焦并具备专业性。公司已经有了十几万人的规模，以前那种随便"蒙一蒙""估一估"的方式是不行的。"有了扳手才能做管道工，会抡锤子才能做铆工。"华为人力资源有34个模块，每个模块都有大量专业的工具和方法，COE负责沉淀这些专业能力，并为BP赋能，提供专业支撑。

过去，人力资源的很多事务性工作牵扯了业务部门和HR人员的大量精力。现在，员工的签约、考勤、发薪、社保、问询、荣誉激励宣传等都不需要业务部门HRBP经手，统一由HR SSC完成。HR SSC通过引入机器人助手、智能工具等替代手工方式以提高效率，大大减少了HRBP的事务性工作，让他们能聚焦为业务提供高价值的服务。

三支柱模型不仅在华为的人力资源领域使用，在财经、流程IT、行政服务、法务等职能组织中同样适用。需要强调的是，**三支柱模型能否发挥作用，和组织规模、能力成熟度**

强相关。如果组织规模不大、能力成熟度不足，三支柱的运作模式可能因有多个角色而使能力分散，反而会降低整体效率和服务质量。

华为这一阶段的 CRM、IFS 等重大变革，仍然邀请了 IBM、埃森哲作为咨询顾问，但变革的路标规划、方案详细设计、试点推行等均由华为变革项目组主导。我们从华为实际的业务需求出发，有选择地学习顾问公司的管理实践，并结合爱立信等通信企业的最佳实践形成变革方案。华为的管理体系建设从最初照搬 IBM 实践到结合自身需求优化，再到有选择地学习，自己形成管理方案，华为在管理体系上开始走自己的道路。

3. 从客户需求驱动到"客户 + 技术"双轮驱动

2010 年以前，华为一直是客户需求驱动，在产品路标方面有先进公司引领，我们只要强化客户需求导向做好产品开发，做得快、做得好、做得便宜，成为最快的跟随者，就会形成足够的竞争力。

2010 年，公司收入已经接近 2000 亿元，迈向行业领先，正在逐步进入无人区，处在无人领航、无既定规则、无人跟随的困境。以前跟着人跑，就能获得高速发展，现在这样的机会越来越少，我们不得不承担起创新引领的责任。而且科技进步太快，不确定性越来越多，原来我们是沉浸在产品开发的确定性工作中，现在不得不加大对不确定性研究的投入。研发包含研究和开发两部分，过去我们在组织上是混在一起的，2011 年我们将研究和开发分开，借鉴电影《2012》的名字，成立了 2012 实验室，意在为公司未来建造一艘诺亚方舟。2012 实验室是华为的研究部门，专注于基础技术的研究，重点面向未来产品开发所需技术提前进行布局（N+1[①] 和 N+2[②]）。大家比较熟悉的麒麟芯片、鸿蒙操作系统等都是从 2012 年开始逐步形成的。**产品研发从原来的客户需求驱动逐步转变为客户需求和技术创新的"双轮"驱动模式。华为的研究是"用钱转化为知识"，形成了一系列核心能力；开发是"用知识转化为钱"，实现了核心能力的商业变现。研究和开发共同形成了商业闭环。**

2012 实验室的研究人员非常活跃，充满了创新精神。华为很多新技术的创新和孵化都是自下而上孕育的，像种子一样破土发芽。公司的战略选择是自上而下的，在百花齐放的新技术中"掐尖间苗"，完成业务的投资组合和边界管理。技术不断孕育，战略持续选择，一茬又一茬梯次滚动，整个

[①] N+1 是指下一代。
[②] N+2 是指下两代。

公司在新技术的蓬勃发展和业务方向的战略聚焦之间形成了扩张与控制的平衡。

华为始终根植于 ICT① 核心技术，**鼓励"先开一枪，再放一炮"**，即先投入较少资源，进行小范围试错，一旦确定方向，就用范佛里特弹药量②进行饱和攻击③，实现新技术的突破。华为要保持技术领先，不一定完全由自己来做。我们和高校开展了一系列合作，与顶尖的科学家、学术机构建立长期合作关系。这些科学家、教授不需要与华为签协议，更不需要戴华为工卡，只需要跟我们喝喝咖啡，探讨一下技术。**华为通过开放创新，构建"为我所知、为我所用、为我所有"的全球能力组合**。正是通过一系列的部署，构筑了坚实的基础研究能力，华为才能在无线、数据通信、光、存储、云等领域持续创新、厚积薄发，取得产品的突破和领先。

2019 年后，华为要修补的漏洞很多，而且很多原本可以通过采购获取的器件和技术，由于受制裁而无法获得，研发

---

① ICT：Information and Communications Technology 的缩写，意为信息和通信技术。
② 范佛里特弹药量：朝鲜战争时期的历史名词，由当时的美国第八集团军司令詹姆斯·奥尔沃德·范佛里特提出，指不计成本地投入庞大的弹药量，进行密集轰炸和炮击，对敌实施压制和毁灭性打击，意在迅速、高效歼灭敌有生力量，使其难以组织有效的防御，最大限度地减少己方人员的伤亡。
③ 饱和攻击：军事用语，指在短时间内高密度连续进攻，使对方短时间内处于无法应付的饱和状态，从而取得胜利。

不得不去补齐。我们再次调整，以科学技术驱动为前轮，客户需求为后轮，实现新的"双轮"驱动。我们已经拥有100多个研发能力域、86个基础技术实验室，向下扎到"根"，加强根技术的基础研究，确保每个产品都有独立于美国的技术能力；向上捅破"天"，探索器件极限，在理论和原创技术上有突破，做到比现在更领先。只有这样，我们才能为公司的长远发展构筑持久的竞争力。

四、做产业领先者 —— 实现数字化转型

1. 从跟随者到行业领先者

2012年，华为超越爱立信，成为全球领先的电信设备供应商，实现了"三分天下有其一"。从跟随者迈向领先者，华为不得不思考如何持续增长、保持足够的竞争力以维持领先地位，否则很可能被竞争对手赶超或者被边缘化。

2010年后，技术创新在全方位地重构通信产业，移动宽带网络快速发展，智能终端全面普及，云计算、大数据、物联网、人工智能等技术创新加速并逐步走向规模化商用。人类迎来以智能化为代表的第四次工业革命，以万物感知、万

物互联、万物智能为特征的智能社会即将来临。我们预测，到 2025 年，全球将有超过 1000 亿的联接[①]数，其中 70 亿人的联接可能只占总联接数的 10%，绝大部分的联接会是人与物、物与物的联接。每天产生海量数据，数据爆发式增长，这就激增了存储和计算的需求，未来的"联接 + 计算"将是一个规模空前的市场。庞大的信息如何传送、处理和存储、学习与推理、分发与交互，既是一个巨大的挑战，也是难得的战略机遇。做数字时代和智能世界的使能者，是华为在这个时代的最佳角色。

与此同时，企业数字化转型开始加速，IT 从支撑系统转变为企业的核心生产系统。全球电信市场是千亿美元规模，政府和企业市场则是万亿美元规模。华为在 To B[②] 业务上积累了丰富的经验，要把握这次重大战略机遇，成为行业数字化转型的使能者和优选合作伙伴。在苏州企业业务战略会议上，我们进一步明确了企业业务被集成的战略定位：企业业务要集结队伍、发展伙伴，实现业务快速发展。在运营商业务增长放缓的情况下，企业业务每年保持着 30% 左右的增长，成为华为在 ICT 产业持续增长的引擎。

[①] 华为聚焦"联接+计算"的产业方向，因此本书中相关处使用"联接"一词。——编者注
[②] To B：To Business 的缩写，意为面向企业客户，有时也称为 2B。

智能世界的到来，将会无限放大智能终端的边界。人工智能、人机交互、大数据等前沿技术也会进入智能终端领域，顺应消费者对智能终端快速变化的需求。之前，为了有效支撑运营商客户成功，我们为运营商客户提供终端配套业务。2010年年底，在三亚消费者业务战略研讨会上，我们充分讨论后认为，终端产业竞争力的起点和终点都源自最终消费者。因此，我们决定走向公开市场，面向消费者[1]用户发展自主品牌的高端智能手机业务。2014年，我们凭借Mate7手机的技术领先优势开始崛起，到2020年已成为全球领先的三大手机厂商之一。

为适应业务发展，2011年公司成立了三个BG[2]：运营商BG、企业BG、终端BG。三个BG的成立，标志着华为从单一业务运作迈向了多业务运作。华为管理团队多次深入研讨，一致认为**在多业务运作模式下能够继续成功的关键在于两点：一方面，方向大致正确，战略要瞄准正确的大方向，但并不追求精确，要为适应不确定性留下调整的空间；另一方面，组织充满活力，要在管理上不断调整和优化，让日益庞大的**

---

[1] 面向消费者，即后文中的 To C，英文全称为 To Customer，有时也称为 2C。
[2] BG：Business Group 的缩写，华为2011年组织变革中按客户群建立的业务单元。

组织始终充满活力。

多 BG 运作带来的首要挑战就是战略难以聚焦。每个 BG 都有自己的发展方向，每个产品线、每个工程师都渴望成功，结果公司出现了太多太小的研发项目，力量一分散就很容易把整辆"马车"给拉散了。创新是非常艰难的，有大量具有挑战性的基础研究工作要做，我们聚焦都不一定能成功，分散则必定失败。

我们都知道水是柔软的，但很多造船厂却用水来切割钢板。高压泵将水穿过细小的孔从而产生巨大的压力，用这种高压水流可以在钢板上切割出非常精细的形状，这就是"力出一孔"的威力。华为在实行多 BG 运作后，特别强调**要聚焦主航道，有所为有所不为，做战略上不可替代的事情，不在非战略机会点上消耗战略竞争力量**。公司始终围绕 ICT 技术领域，坚持做好联接和计算，所有的产品都要与这个主航道相关，对于非主航道的产品要课以"重税"，抑制它的成长，避免分散力量。

每个业务的特点和管理侧重点都不同，我们不可能重起炉灶为每个产业建立新的管理体系，必须充分利用好已经积累的平台能力，快速构筑起适应多产业发展的管理体系。

2. 从功能领域变革到集成变革

随着 IPD 和 ISC 变革的持续优化、CRM 和 IFS 变革的推行落地，华为的管理逐步从无序走向有序。但华为十几年的业务变革，只做加法，不做减法。比如在一个代表处发现了问题，优化了相应的流程，就将该流程推行到其他所有的代表处，导致"一人生病，全家吃药"。为了降低风险、加强内控，各流程建设团队一窝蜂地在流程上打点。华为的规模不断扩大，流程变得越来越厚重，企业管理从有序慢慢走向了过度。

每个变革项目，每个流程责任人只负责自己职责范围内的部分，导致流程不拉通、系统不集成。每个变革项目背后都有一个公司高层管理者作为赞助人，变革启动会议、进展审视都需要一线主管们参加，一线既要抓好业务，又要应对好各个变革落地，苦不堪言。变革项目组到一线适配变成了落实长官意志的强推，被一线戏称为"九龙治水"。本来我们变革的目标是帮助企业实现熵减，事实上却变成了熵增。本来流程、IT 建设的初衷是为一线战士们打造更好的作战武器，结果却成了冲锋陷阵时的沉重负荷。

公司多年来一直在引进和学习成熟、先进的管理体系，但因为我们以前还不具备全面综合的管理能力，管理不够科学、不够完整，到处都是"断头路"。当初每个变革项目引进的时候，导论①中都清晰阐述了管理思想的精髓。华为当时对业界实践理解不深刻，只学会了一部分，抛弃了另一部分，导致公司管理中存在断点、低效和不通等问题。任正非要求变革基于"原教旨主义"②，重读 IPD、ISC、CRM、IFS 变革导论，融会贯通，统筹做好面向未来的变革工作。

为了确保变革有效推进，公司强化了变革领导力。2014年年初，公司重新设立 ESC③，我被任命为公司变革指导委员会主任，负责新一阶段的变革工作。原来变革都是由各领域 3T④ 进行管理，各变革项目之间缺乏有效协同，业务流程没有拉通，形成了"铁路警察各管一段"的段到段流程。公司变革指导委员会负责跨领域、跨流程的拉通和协同，特别关注不同变革项目间的关联关系管理，使所有变革能有效集成为一个整体。同时，我们重新设立了 PO⑤，支撑变革指导委员会的例行运作。

对彼时的华为而言，最难的不是变革什么，而是如何有效开展变革。20 多年前，华为以企业家精神奋力牵引，无所

---

① 导论：每个变革项目引进最佳实践的核心内容，用于阐述管理理念的精髓。
② "原教旨主义"在华为是指最初的变革理念、构想和方案。
③ ESC：Executive Steering Committee 的缩写，意为变革指导委员会。
④ 3T：Business Transformation and IT Management Team 的缩写，意为业务变革与信息技术管理团队。
⑤ PO：Project Office 的缩写，意为变革项目办公室。

畏惧，勇于变革，是因为我们一无所有。到了 2013 年，华为已经实现 2390 亿元的年销售收入，在如此大体量的企业中开展变革，会面临很多部门间的利益冲突，高层领导需要从公司整体利益出发，有效平衡企业发展中的各种矛盾。

在 ESC 成立之初，任正非要求学习《开放、妥协与灰度》一文。我组织 ESC 全体成员一起学习，在变革领导层中建立起兼收并蓄的包容性文化。纵观中国历史上的商鞅变法、王安石变法等历次社会变革，都太激进、太僵化，如果不那么急迫，不追求全面，可能收效会好一些。我们做企业变革工作，要保持开放的心态，向一切优秀实践学习。在变革中，任何黑的、白的观点都是容易鼓动人心的，我们需要的是灰色的观点。我们要依据不同的时间、空间，掌握一定的灰度，审时度势做出正确的决策。为了达到变革目标，要学会妥协，才能让变革在正确的道路上走得扎实。**"治大国如烹小鲜"，在十几万人的规模下做好变革很难，更加要求每位变革领导者都做到开放、妥协与灰度，否则是不可能带领变革成功的。**

之后，我们系统地回顾了过去十多年变革取得的成绩和不足，形成了 IPD、ISC、CRM、IFS 等变革回顾系列文章。我们把公司历史上对管理体系建设做出突出贡献的优秀管理人才，评选为管理体系的"蓝血十杰"。这样的活动，很好地传递了公司会像重视研发、市场一样重视管理的导向，推动和牵引大批人才投身于公司管理体系建设。

同时，我们也开展了对变革工作的自我批判：近年来的流程建设与变革偏离了"流程服务于作战"这个最重要的初心。流程建设主要体现了机关林林总总的管控诉求，希望大一统地对各类场景进行全面覆盖。流程建设思想扭曲后，流程建设行为也随之扭曲：机关闭门造车、不接地气，对一线流程改良意见视而不见、听而不闻、傲慢推诿。**偏离初心、工作重心太高是流程管理产生熵增的根本原因。**当时我认为变革首先要从思想上纠偏、调整重心开始。"行百里者半九十"，华为唯有在自我批判中持续变革，才能让变革重新成为公司长远发展的负熵之源。

我们沉下心来倾听一线的声音，从一线视角往回梳理，厘清当前管理问题的根源：一方面是为了追求规范化管理而过度精细化、过度管控；另一方面是一线反馈的很多问题，比如流程评审环节多、重复审批等，不是由单一因素造成的，而是涉及多个流程、多个职能组织的协同优化。如果针对局部问题进行调整，很可能把细小问题进一步放大成全局问题，结果顾此失彼、欲速则不达。

为了解决一线作战流程过于厚重复杂、冗长低效、不集成等问题，ESC 确定了公司变革的目标：**多"打粮食"，增**

加"土地肥力"。我们围绕这一目标开展跨功能、跨流程的集成变革，从架构上系统解决"九龙治水"的问题。我们将工作范围从单一流程扩展到跨越多个流程的业务流，面向两个主业务流开展集成变革：一个是成立"IPD+"项目群，面向市场创新的业务流，对产业经营单元进行变革。基于MBI[①]的理念，将市场管理、IPD、敏捷开发、配置打通等进行有机融合。另一个是成立"CRM+"项目群，面向客户的业务流，对区域经营单元进行变革。在LTC主干流程打通的基础上，做好售前业务简化、销售能力提升，优化营销服作战平台等。

我们面向代表处开展集成变革。试点工作组将"IPD+"和"CRM+"两大项目群中的主要变革方案，对准一个作战单元进行集成设计，以流程打通、IT集成打通为出发点，做好面向一线业务场景的最后一公里适配。**我们基于"主干清晰、末端灵活"的原则，大胆下放具体作战流程的制定权。**代表处等一线作战单元基于公司主干流程，自己适配差异化作战场景，使流程建设能够贴近实战、服务作战。

长期以来，我们已经习惯了高举高打，先搭大结构，再搞大变革的方法。当下华为已经过了一穷二白的阶段，再

---

① MBI：Market Based Innovation 的缩写，意为市场驱动的创新。

按旧的大变革方式，只会是有声势没成效。我们结合一线实际，从支撑作战的角度思考如何改进效率，而不是为了满足机关的管控要求。以前变革的目标都很模糊，这次变革中，我们制定了账实相符①、五个"1"②的量化目标，用目标来牵引业务改进，从而达到变革的效果。我们强调自己跟自己比，只要保证每天都有一点点进步，就会实现从量变到质变。

按照这种模式，历经三年，华为完成了全球上百个代表处的集成变革，业务运作从以功能为主的段到段迈向了全业务流程视角的端到端，基本实现了账实相符和五个"1"的目标。在代表处完成集成变革后，**为了让他们具备变革持续优化的能力，"打下一座县城，留下一任县长"**——变革项目组的优秀骨干直接落地到代表处工作，负责集成变革的后续优化，确保变革方案能够用起来，实现变革收益。

---

① 账实相符：从中心仓到站点，ERP 存货的明细账与实物的数据始终保持一致，实物过程可管控。
② 五个"1"：合同/客户订单前处理1天，从订单到发货准备1周，从订单到客户指定站点1个月，软件从订单到下载准备1分钟，站点交付验收1个月。2014年，华为成立五个"1"目标推行工作组，将五个"1"作为泛网络直销业务的运营效率改进方向，力争用五年时间达到业界标杆水平。

3. 从流程变革到数字化转型

在华为基本完成集成变革的同时，外部环境也发生了翻天覆地的变化。以亚马逊为代表的云化原生企业快速成长，数字化时代已经到来。行业数字化和万物互联给所有企业都带来了新的变化。以前很多人喜欢区分互联网企业和非互联网企业、数字化业务和非数字化业务，未来不存在非互联网企业，除了个别手工艺产业，几乎所有的企业都应该是数字化的，大家都在一条起跑线上。Uber，一个全线上的公司，买了大量的汽车，变成了一个重资产企业。T3 出行是几家汽车企业联合发起的出行平台，专门运营线上业务。Uber 和T3 出行，谁是线上，谁是线下？线上和线下的边界早已模糊不清了。

2005 年，华为的愿景是丰富人们的沟通和生活。那时候我们只有面向运营商客户的业务，现在已经拥有了运营商、企业、终端三个产业，也有了"端边管云"[1]完整的产品组合。华为希望能抓住行业数字化的机遇，实现公司的跨越式发展，并为人类社会做出贡献。任正非带领公司高层讨论，最终于2017 年形成了公司的新愿景："把数字世界带入每个人、每

---

[1] 端边管云：端是指手机、平板等终端设备；边是指边缘计算；管是指网络联接通道，也称为管道；云是指云计算和云服务。华为在端、边、管、云等方面都能为客户提供丰富的产品和服务。

个家庭、每个组织,构建万物互联的智能世界。"

为了支撑公司新愿景,华为先要做好自己的数字化。ESC 经过几轮讨论后一致认为:未来五年,华为的变革规划只有一个主题——数字化转型,支撑未来的业务成功。华为是典型的非云/非数字原生企业,经历了完整的企业信息化过程,原有 IT 架构封闭、老化,有 1000 多个应用系统和多个数据中心,这些都是沉重的历史包袱。面向研发、销售、交付等业务领域的流程运作模式,造成了大量烟囱式的 IT 系统,数据在不同 IT 系统中搬家,不仅体验差,还难以实现实时信息传递、实时业务感知。全球优秀的大企业都在探索如何进行数字化转型,华为作为非云/非数字原生企业,数字化转型实践将为其他企业带来启发,也会对数字时代有所贡献。

在公司范围内整体实施数字化转型,是个很大的命题,有点老虎吃天——无从下口的感觉。华为的供应链是一个大平台,同时支撑运营商、企业、终端三个 BG 业务的开展。供应链领域经历了 ISC 变革、GSC/GSN 变革等,已经有了比较好的基础能力。我们选择供应链领域作为华为数字化转型的试验田,于 2015 年启动了"ISC+"变革。"ISC+"变革项目探索将业务对象、业务过程和业务规则进行数字化,对大的 IT 系统进行解耦,以服务化的方式,构建前台、中台和底座的新架构。我们用了三年时间,基本实现了集成供应链第三阶段（ISC 3.0）的目标，供应链从被动响应变为主动服务，成为华为的核心竞争力之一。

在"ISC+"变革的基础上，华为开启了整体数字化转型的变革新征程。华为 IT 的服务对象种类很多，共有客户、消费者、合作伙伴、开发者、供应商、员工六类。我们在研发、销售、供应、交付与服务、财经、人力资源等多个领域开展数字化转型，**支撑多 BG 复杂业务场景，提升用户体验，改善作业效率，优化业务模式，提升公司的数字化作战能力。**

数字化转型对公司已有的管理体系有较大的影响，尤其是对 IT 和数据提出了更高的要求。在各业务单元负责面向场景实现业务数字化的同时，集团重点构建统一的云化数字平台 HIS[①]。HIS 定位为华为云的一个租户，这是华为云在大企业成功应用的一个真实、鲜活的样板。数字时代，业务即数据，数据即业务。数据是公司的战略资产，华为构建了统一的数据底座，实现数据统一入数据湖。我们把过去积累的 IT 能力以服务化的方式沉淀在 HIS 平台上，成为一个个可复用、可组合的"积木块"。各业务可以基于 HIS 平台，根据自身

---

① HIS：Huawei IT Service 的缩写，意为华为信息技术服务平台，支撑华为所有 IT 应用服务。

特点分别构建自己的业务应用SaaS[①]，以满足差异化的业务运作和管理要求。

华为的数字化转型强调业务主导、平台使能。业务领域如何开展数字化，由该领域自主决定，但所构建的流程和IT应用都必须在HIS上，即所谓"从心所欲而不逾矩"。IT部门对HIS的平台能力负责，原来他们是以贴心的服务取悦业务获得满意，现在更多是以专业化的IT能力赢得业务的尊重。华为的IT能力得到了巨大的提升和飞跃，这种IT能力体现在更加快速有效地支撑业务成功。

4. 从单业务管理到"天地树"治理

大型企业面临的一个重大挑战就是如何做好集权和放权之间的平衡。华为体量很大，如果再采取高度中央集权的方式，坐在家里指挥一线作战是非常危险的；但放权也有风险，放权的前提是监督一定要有效。华为要想成为有规模协同效应的多BG公司，必须做好面向多个业务的公司治理。通过分析世界500强中收入超千亿美元的公司，我们发现了几种完全不同的管理模式：

[①] SaaS：Software as a Service的缩写，意为软件即服务。在该模式中，软件是集中托管的，根据用户订阅进行许可，包含提供该服务所必需的软件、硬件和管理服务。

GE[①]是历史悠久的老牌企业。20世纪90年代，GE通过收购、并购的方式快速扩张，成为以多元化和企业集团模式著称的标杆企业。在金融危机中，GE遭受重创，不得不剥离非核心业务。2018年，GE业务聚焦于航空、医疗和能源三大板块，但各业务板块之间仍存在协同困难，集团很难发挥应有的价值，2021年不得不拆成三个公司，企业集团模式在GE消失了。

索尼也是一个多元化的公司，但它采用了全分散的模式。创新、敢为人先的企业文化，让索尼打入美国市场，走向世界，获得业务上的成功。索尼这种模式依赖企业家的感召力和绝对权威，一旦他们离开，企业可能会变成一盘散沙，放出去的权力再也收不回来。

西门子同样是以多元化经营著称，业务包括医疗、电力、自控、家电、照明等多个领域，采取了完全不同的治理策略：集团保留在财务和法律等方面的控制权，同时各业务可以根据自己的特点发展。今天的科技巨头，比如亚马逊、苹果和谷歌，本质上也是多元化企业集团，它们都采取了"集权＋分权"的模式，保证众多业务在集团统一管控下发挥协同效应。

据此，**华为提出了"天地树"的治理结构，实行统治与**

---

① GE：General Electric Company的缩写，意为美国通用电气公司。

分治并重的管理模式，如图 1-11 所示。

"天"是共同价值观之下的集团中央集权管控，包括资金、账务、审计、IT。华为所有业务都必须遵守这些管控要求。对于所有企业而言，资金风险都是巨大的隐患，因此华为的资金也是集中管控的。对于账务集权，大家都容易理解，各业务不能自己做账，统一由集团账务完成。这不仅是为了提升服务效率，还是公司监管的要求。审计集权，对各业务单元进行有效的独立监督和评价，形成威慑。通过对资金、账务和审计进行中央集权，确保公司资金、资产安全，财务

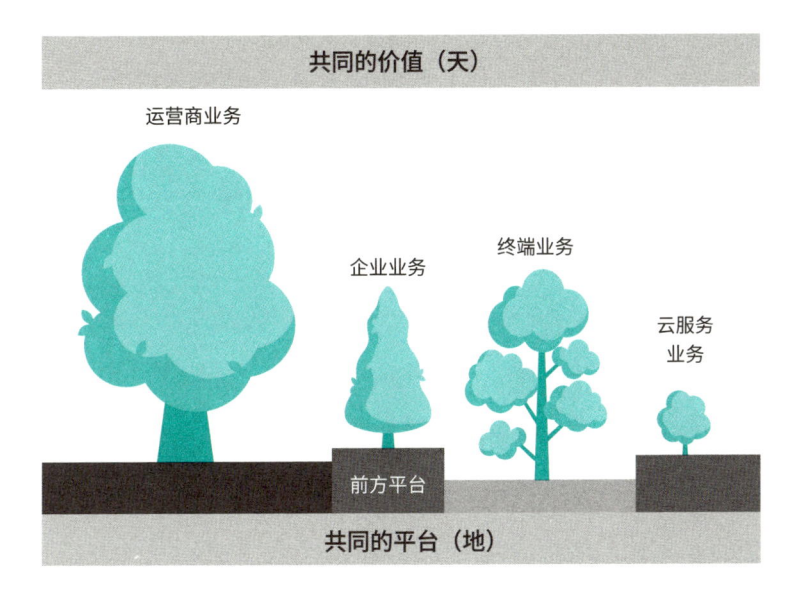

图 1-11 "天地树"治理结构

报告真实可靠，遵守法律法规，有效控制运营风险。IT集权是新增的，华为所有的IT基础设施、数据要统一管控，所有数据要统一入数据湖。IT系统满足什么标准才能上线、进入生产环境，都有清晰的规则。如果IT不统一管控，很容易出现薄弱环节，给企业带来巨大安全隐患。集团要牢牢抓住中央集权的内容，设立相应的组织、流程和IT系统。

"地"是公共平台，如2012实验室、供应链、人力资源、行政服务等。我们把各业务的能力沉淀下来形成公司基础平台，以提高运作效率，快速响应业务的需求，就像一片土地一样滋养树木。例如2012实验室在人工智能方面有深厚的积累，他们将成果发布出来供各业务使用。全球技术服务部在做ISDP时，就直接调用2012实验室的人工智能引擎，在此基础上很快就开发出了智能安装、远程验收等应用。**集团要抓好基础平台建设，保持平台稳定，持续积累竞争力，使平台成为支撑公司长远发展的厚土。**

"树"是华为的业务。华为从单一的运营商业务发展到企业业务、终端业务、云服务业务等多种业务形态并存，每增加一个业务，就给管理系统增加若干管理节点，加大了管理体系的复杂度。如果一棵树的管理都不能做到优秀，多棵树的管理就会出现混乱，互相缠绕。我们用30多年的时间把运营商业务这棵大树种好了，让历史的延长线给我们启发，指导如何种好一片森林。我们强调"树"与"树"之间的管理，原则上不要相互关联，自己干自己的，互不牵制，只有"天""地"和这些"树"关联，对它们进行管控，这样的管理模式简单明了。

华为有运营商、企业、终端、云等多种业务，这些业务都是公司的有机组成部分。公司自成立以来，始终以一个整体形象呈现在世人面前。如何实现各业务在一个公司里有效增长而没有走向分裂？"天"和"地"在保持集团一致性上起到了至关重要的作用。从一棵大树到一片森林，每个业务都有自己的发展方向和业务策略，但它们都顶着同一片"天"，长在同一片"地"上。**以"天"和"地"为界进行管理的目的，就是允许多棵"树"在公司的授权和监督下各自茁壮生长。**

五、聚焦 ICT 产业 —— 企业定型

1. 业务边界选择

无论是自然界、国家、社会组织还是个人，都受到各种因素的影响和约束。地球上的山峰因重力、地壳等条件的影响而无法突破 1 万米，动物的体重和体长因骨骼承受力而被

限定在一定范围内。我们已知地球上最大的动物——蓝鲸，虽得益于水的浮力，体长也才 30 多米。

企业随着经营范围逐渐扩大，体量变得越来越大；但是企业规模不可能无限扩张，诺贝尔经济学奖获得者科斯提出的交易成本是重要的限制因素之一。一个企业为什么存在？企业通过内部有效配置资源，确保内部交易成本维持在较低水平，比市场交易机制更加经济。企业之所以能实现更低的交易成本，就是靠内部的管理体系。然而，随着企业规模不断扩大，管理体系变得愈发复杂，导致内部交易成本上升，成本优势逐步消失，最终限制了企业的发展规模。

GE 曾经长期居于全球最大企业之列，但在金融危机中遭受沉重打击，最终被拆分成三个公司。相较而言，西门子在处理好集权和分权的关系后，仍保持较大规模的多元化发展。企业通过收购、并购等方式可以不断拓展边界，但受管理水平、业务关联度的制约，最终能有效管理并稳固发展的边界是有限的。知行知止，企业只能管理好自己能力范围内的业务边界，盲目贪大可能会遭受重创或面临生存危机。

数字经济将成为未来经济增长的主引擎，不仅推动数字产业本身的发展，还引领各行业的数字化增长。数字技术能够带来高回报，一块钱的数字技术投入，可以激发三块钱的行业数字化增长。在华为看来，数字经济的基础是联接和计算。5G[①]、物联网是联接技术,云、AI代表计算技术。根据摩尔定律,算力随着时间的推移,会变得更加强大且价格低廉。梅特卡夫定律告诉我们,网络的价值会随着联接数的增加而倍增。我将数字经济总结为:**"联接的密度乘以计算的精度,就是数字经济的强度。"**

华为是一家 ICT 科技公司,一直坚持以客户为中心,通过技术手段满足客户需求。华为早期围绕信息传送,为电信运营商客户提供联接产品和服务,后来把业务范围向前端延伸,为信息分发和交互提供产品及技术,并向后端延伸,做信息处理和存储,以及信息学习和推理。目前,华为面向运营商、政企和消费者三类客户提供 ICT 产品、解决方案和服务。基于对未来发展趋势的洞察,全球 ICT 产业空间巨大,足以支撑华为未来的长期发展。华为决定深耕 ICT 产业,聚焦"联接+计算"这个主航道发力,为数字经济发展提供技术底座。这是华为用 30 多年时间逐步摸索到的公司边界。至此,华为的业务边界基本定型了。

企业管理是从控制开始的。**管理体系构筑起企业管控的"笼子",所有业务只能在共同的"天"和"地"之间自由发展。**如果企业没有管控能力,业务发展的速度可能很快,但

[①] 5G:第五代移动通信技术。

最终会走向失控，乃至崩溃。**企业的组织级能力决定了企业到底能构建多大的"笼子"，从而决定了业务的边界。**如果企业能力强，企业家有追求，就可以构建足够大的"笼子"，让业务有足够的扩张性，以"天"和"地"为界自由发展。如果企业能力不强，即使企业家有宏大的愿景，也无法支撑业务自由发展，只能把企业边界限定在非常有限的"笼子"里。

2. 管理体系稳定

华为业务从单产品到多产品，实现了规模化发展。通过开展 I/T S&P、IPD、ISC、"财务四统一"等变革，逐步补齐了研发、供应等基本能力，管理开始向流程化、规范化转变。华为从国内走向海外，逐步实现了运营商业务的全球领先，通过 CRM、IFS 等变革逐步建立起全球化管理能力。数字时代，华为通过数字化转型构建了适应多业务发展的管理体系。华为在 30 多年时间里随着环境变化而不断扩展业务范围，管理一直紧随其后，打造匹配业务发展的组织级能力。

华为的管理体系构建历经多个阶段：起初没有管理，靠急用先行、"拿来主义"而有了粗糙的管理；然后"穿美国鞋"，虚心学习先进管理，构建了初步的管理体系；最后自己主导变革，按需汲取业界管理实践，经过持续打磨和融合，循序渐进地建立起不依赖于个人、自我纠偏的管理体系，这个管理体系是公司最具价值的核心资产之一。**成熟的管理体系如同一道"河坝"，确保企业日常运作标准化、流程化，业务不需要过多地干预，就像长江一样顺畅"流淌"**。如果缺乏管理体系，主管只能事无巨细地一一过问。如今，华为的主管不需要像士官一样关心坦克是否加满油、枪是否装满子弹，而是全力以赴盯着战场、对准胜利。管理体系是业务规模发展的基石，只有把能力构建在公司平台上，才能建立足够的组织级能力，有效支撑企业抓住机会，实现商业成功。

企业一旦建立了相对完善的管理体系，就不要反复调整，而是保持相对稳定运行。企业持续发展中面临复杂而严峻的挑战，核心是要找到业务方向，构筑起组织级能力，抓住机会，跨越发展周期，而不是通过频繁调整组织来解决业务问题。企业不应随意打破体系化的管理，更不应言必称变革。西门子在 2014 年明确未来专注于数字化，在完成了业务合并后，通过业务变革简化流程、增强协作，此后基本未实施大的变革。微软在确定云优先战略并完成转型之后，也保持了相对稳定的管理体系。华为面临美国的持续打压，公司运作有条不紊，管理井然有序，充分说明我们构建的管理体系经受住了考验。这时候华为遇到的是业务上的困难，而不是管理上的不足，只需要聚焦解决业务连续性问题，管理上做好

"萧规曹随"即可。

华为的业务边界已经基本定型，管理体系也要保持相对稳定。华为的管理体系已经基本达到业界领先水平，它是20多万人用30多年时间"磨"出来的。现在的流程和管理有其合理性，不会轻易去推翻它。一个有效的流程应长期保持稳定运行，不要盲目创新、急于优化。如果因为有一点小问题就去改动它，会把流程逻辑都破坏了，改动的成本会抵消改进带来的效益。未来，公司不允许随便大改流程，反复变革只会把我们"烙了30多年的饼再烙一次"。今后，我们主要是在原有的基础上进行优化和改良。

中国有句古话"以不变应万变"，但这句话对企业来说并不完全适用。市场环境在变，企业亦应随需而变。华为虽在业务边界和管理体系上基本定型，但我们仍要抬头看路，一旦发现新的机会或颠覆性的力量，仍会大胆变革，以适应新的战略发展需要。

◆◆◆

回望华为30多年的发展历程，从"农村包围城市"起步，到成为ICT领域领先的全球化企业，我们始终坚持"业务为首，管理跟上"的企业管理理念，明确变革是构建管理体系的手段。每个阶段，业务牵引管理不断改进，完善的管理体系又支撑业务快速发展。从业务到管理，再从管理到业务，如此循环，华为的管理随着业务的发展实现了螺旋式提升。

过去我们用业界成熟软件包建华为的企业管理系统，从MRP Ⅱ到ERP、PDM[①]，承载了IPD、ISC、CRM、IFS等变革成果。现在我们与中国软件产业链的合作伙伴一起，实现了操作系统、数据库、编译器和编程语言的自主可控，并结合华为30多年的管理实践，打造企业核心商业系统，突破了美国的封锁，更加高效、安全地支撑了华为的发展。正是这种不依赖于个人的组织级能力，让华为不断超越，一次又一次走向新的发展阶段。

---

① PDM：Product Data Management 的缩写，意为产品数据管理。

第 2 章
构建企业无生命的管理体系

CHAPTER 2

企业像所有生物一样具有生命周期，所有的企业都在不断地为如何延缓衰亡而努力。任正非 2011 年在《一江春水向东流》里写道："我们对未来的无知是无法解决的问题，但我们可以通过归纳找到方向，并使自己处在合理组织结构及优良的进取状态，以此来预防未来。死亡是会到来的，这是历史规律，我们的责任是应不断延长我们的生命。"

中国中小企业的平均寿命只有 3 年，20 年以上的企业仅占 8%，不足一成。《财富》世界 500 强企业的平均寿命为 70 年，但毫无疑问，这个平均寿命还将逐年下降，随着技术和市场环境的快速变化，以后百年老店会越来越少。

从全球最具价值的企业排名变化，可以看到企业的更迭变化速度。2010 年，全球市值最高的十家企业中，只有两家现在仍排在前十的企业名单上。[1]ICT 行业是全球竞争最激烈的高新技术领域之一，企业变迁更是迅速。曾经横扫中国通信市场的"七国八制"，除了爱立信以外，其他企业要么被合并、收购，要么选择退出通信市场。

---

① 数据来源于英国《金融时报》的全球上市公司 500 强排名榜单。

一、长期有效增长的关键在管理

1. 企业增长的路径：马利克曲线

从 1998 年开始，华为一直持续不断地变革。即使现在面对极端的挑战，华为仍在努力适应变化，为客户创造价值。社会上总有人认为华为是个谜，成长的速度和方式让人难以置信。在企业治理理念上，华为不接受股东利益最大化的原则，也不采纳利益相关者平衡的原则。如果一定要为华为的发展找到一个理论模型的话，最有相似之处的就是马利克曲线，它强调以客户为中心，为客户创造价值，追求公司价值的持续增长。

弗雷德蒙德·马利克是欧洲著名的管理大师、"圣加伦管理学派"创始人。他几年前到华为给管理团队做了一次演讲，针对企业未来持续发展，给我们介绍了以他名字命名的"马利克曲线"，如图 2-1 所示。

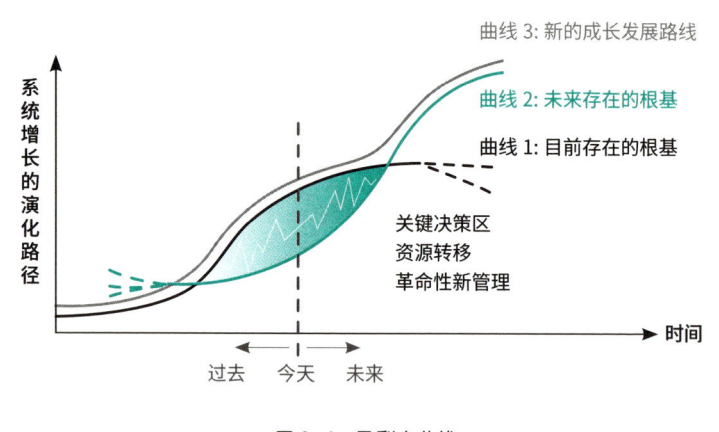

图 2-1 马利克曲线

注：图 2-1 来源于弗雷德蒙德·马利克在华为的演讲资料。

　　马利克曲线共有三条曲线，图中黑色和绿色 S 形曲线分别代表企业目前和未来存在的根基。曲线 1 为目前的业务，是企业当前经营的根基。每个业务都有自己的生命周期，从最初的萌发，经过快速发展，最终走向平稳或者衰亡。比如电力因为客户的持续需求，经过初期快速发展后，在相当长时间里都保持平稳发展；而黑白电视机被彩色电视机取代，被时代抛弃而消失了。随着外部环境的变化，一些新的技术、新的机会逐步出现，企业洞察到并牢牢抓住它们，即为曲线 2 的新业务。虽然最初新业务的发展面临很多不确定性，投入产出不高，但其发展空间更大。一旦新业务成长壮大，成为企业发展的根基，企业就从基于旧业务的发展周期跃升进入基于新业务的发展周期，即曲线 3。**新、旧两条曲线之间交叉形成的叶子形区域被称为关键决策区，它也是企业实现跨越式发展的窗口期。**

2. 企业发展的挑战：机会和时机

企业面临的一个巨大挑战是要在关键决策区抓住新的机会，跨越产业周期。有些企业能够洞察到新机会，在窗口期果断决策，迈向新的成长之路。有些企业在窗口期犹豫不决，错失发展良机。有些企业虽然选择了新方向，但没有构建起抓住新机会的组织级能力，也丧失了新的发展可能。

中国的内联升，于清朝咸丰年间成立，专门为文武百官制作官靴。清朝灭亡后，官靴生意自然也随之消失了。内联升对准了社会上坐轿子的上层人群，为他们做礼服鞋。战乱让内联升把目光从坐轿子的转向抬轿子的，开始生产轿夫鞋。中华人民共和国成立后，内联升再次转变业务方向，为老百姓生产千层底布鞋。2008 年北京奥运会，内联升又抓住机会为奥运会提供颁奖礼仪专用鞋。

诺基亚，通信行业知名企业，几乎与内联升在同一时期成立。诺基亚最初是一家木浆厂，后来又发展橡胶、电缆业务。20 世纪 60 年代，诺基亚看到电子行业快速发展的机会，成立电子部，开始重点发展消费电子（主要是电视）、计算机和通信业务。诺基亚业务转向是非常缓慢的，橡胶和电缆业务直到20世纪90年代才逐步剥离。新开拓的消费电子和计算机业务都不成功，诺基亚最终不得不舍弃它们，开始专注于发展移动通信。20世纪90年代，移动电话真正成为诺基亚的第二曲线业务，诺基亚也一跃成为功能手机霸主。诺基亚与苹果几乎同时开始研发智能手机，但当时功能手机一片繁荣，对过去成功的过分依赖，让诺基亚丧失了抓住新机会、实现转变的决策动力，从而错失了智能手机的发展机遇。最终，诺基亚CEO发出"我们没有做错什么"的感慨，但他们错过了智能时代。

企业面临的另一个巨大挑战是关于马利克曲线中关键决策区的时点选择。 企业如果投入太早，新业务可能会消耗大量资源而得不到预期的产出，甚至影响目前的核心业务，使公司面临巨大的风险。摩托罗拉用12年的时间，投资57亿美元打造了一个大型卫星移动通信系统——铱星系统。按照对铱星系统的设计，它将会拥有1200万用户，但最终仅有5.5万用户使用。曾被誉为"多种高科技结合"的铱星系统正式运营不到一年，公司就申请破产保护，最后不得不以2500万美元的价格将铱星系统卖了出去。铱星的陨落也成为摩托罗拉走向衰败的开始。企业如果投入太晚，虽然安全系数增大，但面对已经站稳脚跟的竞争对手，可能错失了先机。

新业务决策时点的选择还和企业的经营状况有关，如果企业业绩已出现下滑才开始投入新业务，那时不仅没有足够的资金支撑新业务，还会面临新、旧业务撕裂的风险，最终导致企业陷入困境。雅虎是全球第一家市值过千亿美元的互联网公司。在 21 世纪的第一个十年里，雅虎有充足的资金和时间进行选择及转型，却慢吞吞地错失搜索引擎和移动互联网这两个千载难逢的机会。等雅虎危机重重时，已经没有了背水一战的清醒和实力，最终被美国移动网络运营商威瑞森（Verizon）收购。

3. 基业长青之道：变革实现跨越

马利克曲线给企业发展带来巨大的启示：**要想打造一个百年老店，需要企业有强烈的危机感和战略眼光，在关键决策区果断抓住机会，做出决策。**这不仅需要企业有决心、有魄力，还要通过变革构建起抓住新机会的能力，从而突破原有业务限制，成功跨越到第二条曲线。环境在变，企业亦要随势而变，这是企业永远的生存之道。

在摄影的胶卷时代，富士和柯达遍布全球，无人不知，无人不晓。2000 年以后，胶卷市场迅速萎缩。柯达发明了第一台数码相机，但因为丧失变革意愿和主动性，眼睁睁地错过了数码相机时代，并在 2012 年申请破产保护。富士面临同样的挑战，但如今仍在世界 500 强之列。富士利用照片中的抗氧化技术进入了化妆品行业，利用照片精确显影的纳米分层渗透技术进入了制药领域，其感光材料技术用于制造光刻胶。看起来富士转型跨度很大，但其实它始终紧盯自己的核心能力进行业务扩展。面对环境的变化，富士不断调整业务发展战略，从而活了下来。

华为从用户交换机开始起步，在此基础上进一步扩展到局用交换机。公司在通信市场从农村做起，1997 年才开始进入城市，一步步实现国内领先。在交换机市场依然快速发展的时候，我们已经同步投入无线网络领域，并成功抓住了 3G、4G、5G 移动通信发展的大机遇。现在电路交换机已经消失了，但在无线领域，我们已在全球第一梯队站稳。之后，我们沿着 ICT 技术延伸到移动终端、智能汽车部件，并基于联接和计算的积累发展出华为云业务。在运营商业务还没有饱和之前，我们利用为 To B 服务的能力和"基因"开展企业业务，为 To B 业务找到了新的增长引擎。华为从一个发展周期跃入下一个新的发展周期，就是适应环境的不断变化，在关键决策区看准了时机，坚持基于核心能力进行业务扩展，充分共享平台和技术，从成熟产业中裂变出新的产业，实现了公司的跨越式成长。

企业从诞生之日起就面临着死亡，企业家终其一生的使命是实现企业永续经营。要实现企业长期有效增长，企业家就要在关键决策区做出正确的业务决策。**企业家唯有洞察变化，具备选择新业务的勇气和能力，才能跨越业务的发展周期。**

二、变革是业务成功的船和桥

1. 变革要助力业务"过河"

我们常把实现战略目标作为企业期望到达的"彼岸"，实现战略目标的过程就是"过河"——从"此岸"到"彼岸"。我认为**变革就是助力业务"过河"，企业通过变革构建起管理体系，也就是构建起通往"彼岸"的船和桥**。努力将不确定性转变为确定性，支撑业务到达成功的"彼岸"，就是变革的目的。

我曾经问过任总，未来华为会留下什么。他说："华为什么都不会剩下，就剩下管理。"为什么？所有产品都会过时，管理者也会更替，而管理体系会不断传承。在管理体系的支撑下，企业运营就如同长江从发源地滚滚流入东海一样顺畅。

管理体系不会凭空产生，而是要通过持续变革构建起来，形成支撑企业发展的组织级能力，这就是华为重视变革、投入巨大的人力和财力开展变革的基本出发点。

20 世纪 90 年代中期，我负责公司总裁办工作。华为产品一旦出现故障，一线人员都要打电话到深圳，等待公司总裁办值班人员将故障情况一一记录在案，安排专家到现场处理。遇到重大事故，主管必须赶到现场，调兵遣将解决问题并留下专人守在客户局点，以应对故障的频繁发生。后来，顾问笑称华为以前是"批奏折"式的管理，没有流程、制度指导日常运作，所有关键业务活动都要等待中枢机构决策指挥。随着客户问题处理流程的建立，形成了分层分级的故障处理机制，所有问题会根据等级自动分派给一线、二线、三线处理，"等、靠、要"的现象逐渐从企业日常运作中消失了。

从 1998 年开始，华为花了几亿美元引入 IBM 顾问开展业务变革，并在此后每年投入几十亿元持续构建公司的管理体系。管理体系建好之后，公司所有日常运作就像扳铁路道岔一样，操作标准化、制度化，不需要过多的管理干预。企业家不必关心例行工作有没有落实好，不用担心经营数据是不是准确，不再插手某份合同要不要签。公司高层们终于可以从应接不暇的日常经营管理中抽出身，聚焦在方向洞察、战略决策、价值创造、干部专家培养、重大危机处理等重要的工作上，而日常业务仍然像长江一样自由"流淌"。

2. 没有一劳永逸的变革

变革不是一次性的，无法毕其功于一役。管理体系的建成，不是变革的终点。 环境快速变化，业务日益复杂，在业务的持续运作中，要及时识别问题，并对管理体系进行优化，使管理随着业务与时俱进。华为最初开展 IPD、ISC 变革，是要建立集成产品开发管理和集成供应链管理，解决最根本的产品从偶然到必然成功、快速及时供应的问题。之后 CRM 和 IFS 变革是为了构建全球销售、服务和财经管理体系，适应华为全球业务快速发展的需要。数字化转型是为了抓住行业数字化的机遇，构建数字化作战能力，实现公司多产业的跨越式发展。华为现在仍在持续洞察新的发展趋势，一旦确定新的战略目标，决定奔赴下一个"彼岸"，变革就要紧随其后，再次系统性优化管理体系，构建起新的组织级能力，支撑新业务向前发展。

变革始终要围绕"多打粮食，增加土地肥力，提升一线作战能力，保障公司有效增长"来展开，这既是变革追求的目标，也是衡量变革成果的标准。 变革是为了实现企业的商业成功，而不是做一场轰轰烈烈、动作完美的"仪式"。任何牺牲整体收益，追求部门局部利益的变革，都是在增加业务的负担，应坚决摒弃。华为在完成多个单领域的变革后，专门开展跨领域、跨功能的集成变革，尤其是面向代表处的综合集成变革，都是在强化变革为企业带来的整体收益，让构建起来的管理体系能够贴近一线实战，服务好一线作战。

三、管理体系的本质是构建组织级能力

1. 不依赖于个人的组织级能力

几年前，我曾见过一家企业的创始人。这家企业收购了很多业务，声势如日中天，并看好智能电动汽车的发展前景，所以这位创始人跟我大讲智能电动汽车的发展。我问他准备怎么做，他说："这个不用担心，我已经找来一帮高人。"他很自信，跟我细数这些高人："我从华为找了两位高管，从阿里找到一位，还从百度、腾讯找了几位。有了这些能人，还怕事情做不好吗？"

我认为这是天鹅拉车①，看似每个人都很能干，但大家没有统一的方向，怎么可能成功呢？业务成功要具备组织级能力，光靠简单堆人是没有用的。没有管理体系和文化价值观，一群人不能真正成为一个团队，也不能真正拥有战略共识和强大的执行力，大家在一起互相"扯皮拉筋"，结果不是"一加一大于二"，而是"一加一小于二"。

企业良性发展有两点非常关键：一是要保持业务战略方向的正确，二是要不断构建能力去实现企业战略。不可否认，很多企业确实看准了未来业务的发展方向。但看到机会，不等于能抓住机会，需要建立与机会相匹配的组织级能力。用一个简单的比喻：你决定走什么路，就得选择合适的交通工具，并具备相应的能力。如果选择走山路，就得选择四驱越野，拥有开盘山路的驾驶水平，能处理弯多、路窄、坡陡的情况。如果决定走水路，就得选择合适的船，具备开船掌舵的能力，暗流、风大、浪急都能应付得了。方向选对，能力匹配，才能达到预期的目标。

企业一旦确定了业务方向，就应该主动、系统地建设组

---

① 天鹅拉车是一个寓言故事。大意是讲天鹅、虾和梭子鱼想把一辆货车从大路上拉回来，车上装的东西并不算重。它们用绳子套好车，一齐使劲拉。天鹅拼命往云里冲，虾用力往后拖，梭子鱼使劲往池塘里拉。因为使劲的方向不同，结果货车一动也不动。

织级能力。组织级能力是指支撑业务发展的流程、组织、IT能力。通过将能力构建在平台上，而不依赖于某个人，使业务成功可复制、业务结果可管理。

多数人认为销售是一门艺术，认识关键人物、做好客户关系，生意自然而然就能做成。华为的销售能力以"狼性强"被大家熟知，但这种销售能力不依赖于个人。销售人员不在自己的家乡做业务，不长期固定在某个市场上，每隔几年就要轮岗，但客户关系并没有随着牛人的调离而中断，销售方式、能力也没有因换人而改变。因为华为构建了完整的管理体系，覆盖从客户关系管理、机会点挖掘、销售到回款的全过程，由此打造了真正的组织级销售能力，实现了销售从"艺术"逐步走向"科学"。

构建组织级能力，从来都是"业务为首，管理跟上"。业务战略确定了方向，管理体系要与业务相匹配，相向而行，让业务在其中自由地流转。过去，华为每个人干活都很拼命，但方向不统一，局部的"布朗运动"[①]带来了巨大的损耗。管理体系规范了组织中每个人的努力方向，让"布朗运动"变成了方向一致的有序运动。这样，所有个体的能量都导向同一个战略方向，也就是华为内部常说的"力出一孔"，形成

---

① 布朗运动是物理学概念，指微小颗粒在流体中做无规则运动，不断地随机撞击。

了公司的整体竞争力。

如何理解企业组织级能力的内涵？如图 2-2 所示。

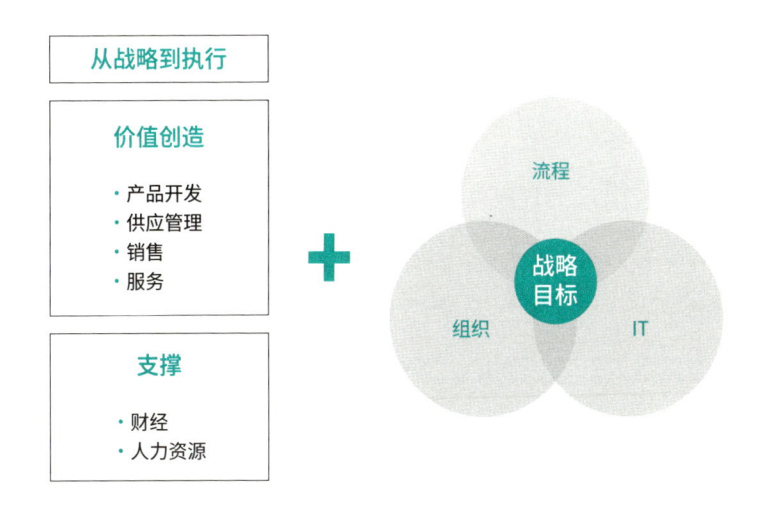

图 2-2 企业组织级能力的内涵

我们可以从两个维度来理解企业组织级能力，**一个维度是企业的业务范围，一个维度是由流程、组织、IT 三环模型构成的管理体系**。管理体系中的三个关键要素——流程、组织、IT（包含数据），会覆盖企业的所有业务，每个业务都会涉及流程、组织和 IT。这两个维度有效结合起来，共同构建起了企业组织级能力。

无论什么企业，基本业务逻辑都类似，都包含从战略到执行、价值创造和支撑三类业务流：战略不仅包含战略规划制订，还包含战略落地执行；企业在战略指引下开展经营活动，包括产品开发、供应管理、销售和服务等，始终对准为客户创造价值；企业运营还需要财经、人力资源、IT、法务等支撑。虽然企业整体业务逻辑差异不大，但不同类型的企业，由于客户类型、业务范围、商业模式的不同，在价值创造的业务模式上有很大差别。例如，同样是销售业务，面向不同类型的企业用户，可以采取直销、分销模式来触达；面向消费者，可以通过自营、渠道或者电商的方式进行销售。管理体系要针对不同的业务模式，提供与之相匹配的运作模式，支撑业务的发展。

以华为终端业务为例，可以看到企业按业务逻辑发展的过程。华为终端业务最初是为运营商无线通信网络做配套，后来我们看清了智能手机的发展趋势，2010年年底在三亚举行的会议上调整了战略方向：华为不再为运营商生产贴牌手机，而是以最终用户为手机客户，面向消费者做精品手机，在全球打响华为手机的知名度。我们相信能够利用技术优势生产出高品质创新产品，成为世界领先的手机品牌。

终端业务是典型的 To C 业务模式，它与原有的 To B 业务模式存在巨大差异。做终端业务的人大部分来自运营商BG，他们对终端业务缺乏基本的认知。2012 年，终端公司

EMT 成员率先到深圳华强北站店实践，后续终端万人站店全面铺开。在站店的过程中，我们逐步理解终端业务，从产品设计、竞争力构建、促销策略、品牌推广、铺货渠道，到最后各环节的利益分配……所有这些表面的工作都靠背后强大的体系来支撑。为了适应新的终端业务发展，我们将终端的研发、销售等组织逐步从公司以 To B 为主的大平台中剥离出来。后来又把地区部、代表处的销售组织也独立开来，让他们用 To C 的业务模式发展。最后将人力资源、财经等职能平台也划入终端 BG，更好地支撑终端业务发展。从此终端业务开始独立运作，逐步发展为公司支柱产业之一，到 2020 年达到了 4829 亿元的收入规模。

1998 年，I/T S&P 项目为华为引入了流程、组织和 IT 的三环模型，它们是管理体系的基本构成要素。**企业要把个人、团队的能力固化在一套完整的管理体系上，用流程、组织和 IT 去承载。组织中的每个人都基于这样的方法和规则去开展工作，就形成真正的组织级能力。**

2. 以客户为中心、生存为底线的管理体系

华为核心价值观的第一条是以客户为中心，但以客户为中心不能停留在口头上，也不能依赖员工的自发行为，需要通过管理体系来保障。**管理是为业务服务的，华为管理体系**

建设的核心目标是提升组织作战能力，实现公司商业成功。管理体系要使一切与客户做生意的流程顺畅、职责清晰、运作高效，任何不能带来价值的管理都是多余的，应该摒弃。在流程、组织和 IT 建设之初，我们就对准"以客户为中心、生存为底线"的目标，建立敏捷、高效的管理体系，更好地支撑业务作战。

(1) 流程是价值创造过程

流程是为客户创造价值的相互关联的活动进程。流程承载业务运作模式，**好的业务流程可以让企业以最简单、最有效的方式，为客户提供及时、准确、优质、低成本的服务，持续为客户创造价值**。提高流程的易用性、流程运作的可靠性，支撑业务高效、安全运行，从公司内部管理的角度看，就是实现了低成本运作。

华为印度研究所所长吕克给我们分享过一个例子：20 世纪 90 年代，美国软件行业蓬勃发展，每年都从印度引入大量软件人才。为此，每年 9 月到次年 2 月美国 L1 签证[①]集中申请期间，印度软件企业的离职率就会高达 40%～50%。我们与印度当地的一家软件公司合作开发项目，从 8 月项目开始到次年 1 月结束，印方参与人员从项目经理到开发人员都

---

① L1 签证：一种非移民签证。

换了一遍，但是这样超高的离职率竟然没有妨碍印度公司高质量地交付项目，基本上没有拖累项目进度。这让华为印度研究所中方员工都惊呆了，其实这就是成熟的、标准化流程的威力。

流程实现了对业务成功实践经验的固化，减少了对个人的依赖，让业务从偶尔成功到持续成功。任正非要求大家善于复盘和建模。项目做完后要总结复盘，复盘后建模，把这个模型拿到下一个项目中再去试，再复盘、再建模。如果模型真能解决问题，我们就有了经验，提高了作战能力。这个过程中最关键的是建模，它是未来面对类似工作场景如何应对的框架和方法论，是在过去经验基础上的提炼和传承。我军历史上的"四组一队""一点两面""三三制""四快一慢"都是非常经典的建模范例。通过复盘、建模，再复盘、再建模，这种方法被华为用在流程建设和优化中。我们刚刚走向海外的时候，还不具备 Turnkey 工程能力，公司决定投入1000多万咨询费直接购买能力。我们请业界资深顾问直接到项目中进行指导，然后把这些经验总结复盘，形成一系列具体场景下的操作指导书，不断循环迭代，Turnkey 工程能力得到快速提升，现在已经达到业界数一数二的水平。

流程同时承载了业务管控的要求，把公司的政策、规则、内控管理、质量管理、数据管理等要求嵌入流程中。流程是落实公司内控体系第一层防线的重要载体，如在 LTC 流程中设置了五个决策控制点，通过三层销售决策团队完成决策闭环，确保业务管控要求切实得到执行。

华为对流程的重视由来已久。从 1996 年实施 MRP Ⅱ、推行 ISO 9000 开始，公司就把流程工作提到管理改革的高度，将这项工作纳入总裁办去推进。随着 IPD、ISC、CRM、IFS 等主干业务流的打通，基本构建起了以流程为主线的管理体系。我们多年来从外面引进的各种管理方法，最终都承载在流程上，有效集成为一个整体，从而发挥作用。

流程架构是对企业流程的结构化表达。在 1998 年的 I/T S&P 项目中，IBM 顾问用价值链框架来表达主流程和支撑流程。2003 年，我们进一步强化流程端到端，以客户为流程的起点和终点，勾画了 IPD、ISC、CRM、财经、人力资源等五大流程域，形成了华为 BPA[①] V1.0。2009 年，华为参照业界流程架构模型，构建了 BPA V2.0，把流程划分为运作（Operating）、使能（Enabling）和支撑（Supporting）三大类，共 13 个 L1 流程。2014 年，为了支撑终端业务、企业业务、云业务的发展，更新为 BPA V3.1，形成 17 个 L1 流程，如图 2-3 所示。

运作类流程是客户价值创造流程，定义了所有为客户进

---

① BPA：Business Process Architecture 的缩写，意为业务流程架构。

Operating 运作	1.0 Integrated Product Development 集成产品开发
	2.0 Market to Lead 市场到线索
	3.0 Lead to Cash 线索到回款
	14.0 Channel Sales 渠道销售
	16.0 Retail 零售
	17.0 Cloud Service 云服务
	4.0 Issue to Resolution 问题到解决
Enabling 使能	5.0 Develop Strategy to Execute 开发战略到执行
	6.0 Manage Client Relationships 管理客户关系
	7.0 Service Delivery 服务交付
	8.0 Supply 供应
	9.0 Procurement 采购
	15.0 Manage Capital Investment 管理资本运作
Supporting 支撑	10.0 Manage HR 管理人力资源
	11.0 Manage Finances 管理财经
	12.0 Manage BT&IT 管理业务变革与信息技术
	13.0 Manage Business Support 管理基础支撑

图 2-3　华为流程架构示例

行价值交付的业务活动。IPD 和 LTC 是典型的运作类流程。我们一直强调流程要端到端，即从客户需求出发，到提供产品、服务等满足客户需求的整个过程要高效、顺畅运行，就像江河入海过程中没有大坝的阻挡一样，一路奔涌向前。这类流程以"多打粮食"和提升作战能力为目标，通过与其他流程协同，提升整体竞争力。

使能类流程响应运作类流程的需求，支撑其价值实现。服务交付、供应、采购是典型的使能类流程，支撑 IPD、LTC 等流程。使能类流程要与运作类流程互相"握手"，顺畅衔接，提升运作效率，降低交易成本。

支撑类流程是基础性的流程，使整个公司高效、低风险运作。人力资源、财经是典型的支撑类流程。这类流程建设要基于信任管理的原则开展，不能把管理和服务越做越复杂，简洁、高效才能带来价值。

历时十多年的建设，华为的流程已经是一个完备的体系，在公司流程文档管理中心有五万份左右的流程文件。为了实现流程的有序管理，我们把流程架构分为六层，如图 2-4 所示。

流程架构中的 L1～L3 体现了业务方向和洞察力，是对业务模块和业务能力的高阶设计。以财经流程为例，L1 为管理财经。L2 涵盖了财经所有业务，包括管理计划预算预测、管理资金、管理税务、管理核算与报告等。每个 L2 下有若干 L3，如管理计划预算预测流程下包括管理预算生成、管理预算执行、财务绩效评价、管理经营规则和经营报告等。

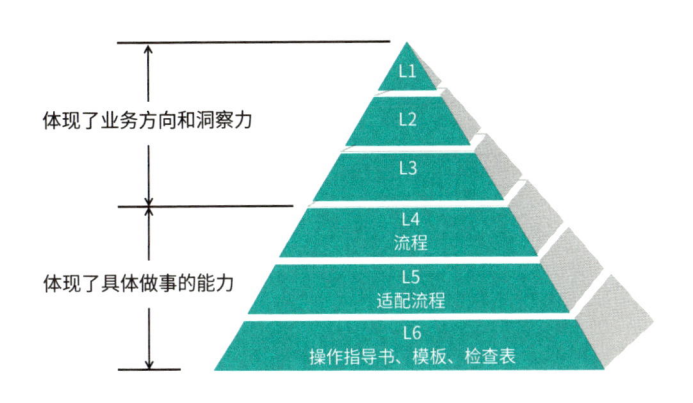

图 2-4 华为流程架构分层示例

流程架构中的 L4～L6 体现了具体做事的能力。L4 是大家通常意义上理解的流程，有角色、活动，按照逻辑顺序展开，用于指导具体业务运作。L5 是面向各业务单元和区域的适配流程，可以根据各自的实际业务场景和管理需要进行流程裁减和适配，以提高流程适用性。L6 是流程中的操作指导书、模板、检查表等，指导具体如何做事，是对成功做法和经验的固化，可显著提升工作效率和质量。

正如组织中有部门主管一样，流程中也应有流程责任人。**流程责任人要基于流程架构分层分级设计，明确流程管理责任**。华为面向 L1 流程设置 GPO[①]，确保流程在全球范围内得

[①] GPO: Global Process Owner 的缩写，意为全球流程责任人。华为每个一级流程都有一个全球流程责任人。

到有效管理和落地执行；面向 L2 流程设置 BPO[①]；面向 BG 和地区部 / 代表处，也设置了相应的流程责任人。各业务单元需要根据各自的特点对流程活动进行优化适配，但涉及流程关键控制点的优化，均须得到 GPO 的批准。流程责任人按岗位来任命，基本上都是业务主管兼任流程责任人。这种任命方式有利于流程责任人从业务成功的角度去关注流程质量和运作效率，真正保证流程和业务是一体的。

流程作为公司的"法律文件"，在公司范围内得到充分遵从和执行。**除了流程责任机制以外，还要通过制度强化各级管理者对流程的敬畏**。我们在华为管理者的任职资格标准中，增加了流程建设、流程执行的内容。为了获得更高等级的任职资格认证或关键岗位提拔，管理者要具备相应的变革、流程建设或推行经验。在管理者的年度述职中，要明确变革和流程工作的思路及成果。内控体系的 SACA，也体现了对管理者的流程要求。据此长期坚持下来，流程逐渐成为公司经营管理和业务运作的"法律文件"。

（2）组织是执行责任主体

组织是业务流程执行的责任主体。企业中的组织通常以实体部门的形式存在，**承载公司战略和专业能力，通过专业**

---

① BPO：Business Process Owner 的缩写，意为业务流程责任人。

化的分工协作提升企业整体运作效率。

华为强调要构建流程型组织，因此在华为的实体部门设置中，除了明确部门定位之外，还要阐述组织与流程的关系，明确组织在流程中承担的职责。从某种意义上讲，实体部门的责权是由流程所赋予的。在变革项目中，业务模式改变、流程重构，组织要随之调整。在 IPD 变革时，对研发组织进行了变革，成立了产品线组织，并取消了中间试验部。在 ISC 变革时，设立了集成计划部，后来为适应全球化又建立了全球计划组织。在 IFS 变革中，强调从合同源头入手解决回款、收入确认问题，为此设立了 CSO。为保证变革有效落地执行，要求代表处在 IFS 变革方案推行前，就先把 CSO 组织建立起来。所有组织优化时，GPO/BPO 一定要去行权，确保组织优化符合流程的管理要求。

除了实体部门之外，华为还有一种组织形态——**跨功能团队，它是确保流程顺畅运作、创造价值的重要组织**。跨功能团队分为两类：一类是对业务进行决策的高层团队，另一类是负责完成具体任务目标的执行团队。例如，在 DSTE 流程中，董事会批准中长期战略规划和年度业务计划，业务单元负责规划制订及执行。在 IPD 流程中，IRB/IPMT 对产品研发的投资进行决策，PDT 负责产品从立项到上市的开发全过程。在 LTC 流程中，SDT 负责重大或风险项目的销售决策，

CC3 负责从线索到回款的执行和客户满意度管理。

我们会基于流程需要设计角色和职责，比如在 IPD 流程中的 PDT 经理、开发代表、市场代表，LTC 流程中 CC3 的客户经理、解决方案经理、交付经理都是典型的流程角色。每个角色都清楚自己在流程中的职责和工作要求，他们要按流程要求完成相应的活动，互相协作达成业务目标。

跨功能团队是由来自各实体部门的代表组成的混编团队，每位成员代表其所在部门参与跨功能团队的工作。例如，IPD 流程中 PDT 的市场代表、开发代表、供应代表、交付与服务代表等角色，分别来自销售、研发、供应链、技术服务等实体部门。该团队所有成员共同负责从立项到上市端到端的产品开发过程，确保产品在商业上取得成功。

实体部门负责功能领域代表的能力提升，支撑跨功能团队实现商业目标。在华为，供应链、服务等部门都有专门面向产品开发的人力保障。这些成员在产品开发阶段，致力提高产品的可供应性、可服务性，构筑华为产品竞争力和成本优势。

除了实体部门和跨功能团队以外，充足的干部和人才也是华为变革成功的重要因素之一。变革中可能会调整一批人，但企业有足够的后备人才，一批一批前赴后继地向前冲，才能保障变革方案最终落地。在变革过程中会培养一批优秀人才，通过有效的选拔机制，让他们脱颖而出。企业在开展变革的过程中，如果用来用去都是那几个人，那么既不能改造他们的思想，也无人可换，变革很难成功。

（3）IT 是使能工具

IT 是支撑业务流程的使能工具，承载业务流程和业务数据，提升流程整体遵从性和运作效率。

在 IT 系统中，表面上跑的是优化后的流程，本质上跑的是业务。没有 IT 支撑的流程很容易成为一堆漂亮的文档，执行中很快就会变形。华为有各种各样的电子流，比如合同评审、采购、付款等，它们就相当于电子化的流程。如果不走电子流，不通过审批，流程就走不下去。**只有把流程中的主要活动和关键控制点通过 IT 系统固化下来，从"人的控制"转到"系统控制"，才能确保流程的遵从和风险管控。**

IT 系统支撑业务活动并输出业务数据，实现数据的自动集成流转，而不是靠人来传递、转化数据。人会偷懒、会犯错，而 IT 系统会按设定好的规则去执行，不出错且高效。IT 不是简单地支撑业务，而是使业务沿着流程正确、高效地贯通。

在数字时代，数据是非常重要的生产要素，业务即数据，数据即业务。华为对数据进行专项管理可以追溯到 2002 年，在 ISC 变革时就成立了数据组。之后，在质量与流程 IT 部下又成立了数据管理部（二级部门）。2007 年，在 IFS 变革时更是将"确保数据准确"作为变革目标之一，为此单独组建数据组统筹管理并支撑所有项目组的数据工作。我们视数据为公司的战略资产，"干净"的数据会提升业务运营效率、驱动有效管理。我们通过完善数据治理体系，规范了从数据产生、处理、分析到应用的全流程规则，明确了数据架构、标准和质量，最终消灭信息孤岛，实现了数据融合。通过统一数据底座的建设，汇聚公司各个领域的数据，统一提供数据服务，实现数据共享，支撑业务智能分析和决策。

我们希望所有业务流程均由 IT 来支撑，所有的作业和数据都在 IT 系统中承载，前后自动集成贯通。过去，我们把 IT 称为使能器。在数字化转型阶段，应用系统本身就是业务的一部分。现在，华为很多 IT 系统都是业务的实时系统。比如市场人员销售全过程都可以直接在 iSales[①] 上操作，交易的各种信息、过程全部都留在 IT 系统上，这些就是业务的一部分。过去没有好的 IT 支撑，业务还可以靠人拉肩扛来完成。现在随着业务和 IT 的深度融合，没有 IT 系统就没有完整的业务数据，业务运作举步维艰。

---

① iSales：销售流程的 IT 主平台，它承载了端到端销售关键活动，支撑销售线索和机会点管理、投标及合同评审、决策、报表管理等，实现全景可视、可回溯。

围绕战略目标，管理体系要实现流程、组织、IT 三位一体，有机融合。流程要对准业务；组织中的岗位要与流程角色相匹配，承接流程中的职责和权力；IT 中的系统权限要与流程角色的责权保持一致，实现对流程的固化。面向业务，流程、组织、IT 组成的管理体系，就像蛇的骨骼一样，紧密衔接，共同形成了对身体的有力支撑，能让企业像蛇一样动作灵敏、高效，头部灵活转动，积极觅食，一旦发现猎物，环环相连的骨骼就能支撑身体快速跟上，随时发起进攻，达成目标。

企业面向一个产业建立了管理体系之后，很容易将其扩展以满足新产业的发展需要。华为最初是做运营商业务，属于 To B 业务。后来，华为进入终端 To C 业务时，很多人质疑：一家做 To B 的公司，怎么可能同时做好 To C 业务呢？To C 业务的成功取决于高质量、有竞争力的产品。公司从无线产品线调了大批人员加入终端 BG，他们有成功做好无线产品的组织能力，很快就推出了高品质的终端产品。除了产品，To C 业务在营销策略、销售渠道、品牌等方面与 To B 业务有很大不同，管理体系上存在巨大差异。在管理体系建设上，我们直接从质量与流程 IT 部调拨了 100 多位流程和 IT 专家，并从业界引进了很多做过手机、渠道、电商的明白人。由于有了 To B 的管理体系建设经验，终端 BG 在已有管理体系基础上快速建好了 To C 的一整套管理体系。

正是有了这套管理体系，业界明白人的真知灼见才有了沉淀的载体，才能支撑终端业务迅猛发展起来。虽然后来有的业界明白人离开了，流程和 IT 队伍中也有部分人换了岗位，但终端 BG 的管理体系却完整地保留下来并不断演进，业务并没有因部分人员的离开而受到任何影响，这就是管理体系的巨大价值。我们构建与业务匹配的管理体系的过程，其实就是通过变革，构建终端业务组织级能力的过程。华为同时做好 To B 和 To C 业务的实践表明，好的管理体系可以有效支撑企业从一个产业偶然成功到多个产业必然成功。现在大家认为华为从事云、智能汽车部件相关业务也会成功，其实是对华为管理体系和组织级能力的认可。

虽然每个企业都是不同的，但企业管理有其共性的理论和方法。**企业抛开人类社会在企业管理中反复摔打锤炼出来的规律，独自摸索是很难成功的。**但如果一个企业完全遵从通用的管理方法，又很难构筑起企业差异化的竞争优势。优秀的企业家通常是非常有个性的，他们有自己独特的管理风格、强烈的管理意志，在尊重管理规律的同时，又不甘于被管理束缚。**企业管理既要汲取业界优秀实践经验，又要保留企业家的意志。**一个好的管理体系，应该将创始人个性化的意志融入丰富的管理方法，让企业家独具个人魅力的管理风格有施展的舞台。

3. 构建流程执行力

"练拳不练功，到老一场空。"流程就像练拳中的招式，流程执行能力才是真正的力量；只有招式没有力量，是没有战斗力的。建立了完善的流程、组织和 IT，并不意味着组织自动就具备了业务成功的能力。**只有流程各环节的组织都具备了正确、高效执行流程的能力，才能形成真正的组织级能力。**

现在上网一查，市场上做华为 IPD 研发管理咨询的公司有几十家。他们做的研发体系架构、流程架构材料都很漂亮，但很多咨询专家认为 IPD 变革就是建立一套流程体系，这是完全错误的。如果企业实施变革的落脚点仅仅是交付一套流程，而没有在能力方面下功夫，不可能真正构建起产品研发能力。

我们知道，华为在 IPD 变革中，除了流程重整，还有产品重整。此外，我们在支撑 IPD 运作的所有功能领域都开展了 FE 项目，沿着 IPD 流程逐步构建起了组织能力，确保跨功能团队具备执行流程的能力。华为花了四年时间进行 IPD 变革，所有研发人员都经过 IPD 的完整培训，之后变革项目组成员又到各产品线深化推行、进行实战辅导，这些都是在系统地、扎扎实实地提升华为的产品研发能力。

华为所有重大变革，都非常重视能力的构建，在变革规划阶段会构建完整的能力框架，从而使业务能力与管理体系匹配，支撑业务战略达成。在 IFS 变革中，我们借鉴 IBM 的 CBM[①] 实践，输出华为财经能力框架 CBM，覆盖计划预算预测、项目经营、结账与合并等 15 个业务域，输出 145 个组件，形成财经能力全景图。在 CRM 变革规划中，我们面向运营商、企业和消费者三类客户，针对三种销售模式——直销、渠道、零售，从战略、组织、流程、IT 四个维度定义能力框架，共包含 84 种能力，每种能力都有详细描述。有了能力框架，后续在变革方案中可以针对能力提升进行详细设计，将做事的模型和方法提炼出来，从而把能力落实到具体的模板和工具上。如在 LTC 变革中，项目组开发出关键客户关系分析模型，支撑一线做好关键客户关系的分析和管理。

组织的专业能力提升仅靠简单的理论学习和灌输是无法实现的，离开了实践，理论毫无价值。各变革项目组会对全流程人员进行深入培训，除了培训流程让大家掌握做事的程序之外，还要培训做事的方法，包括模型、模板和工具。**实**

[①] CBM：Component Business Model 的缩写，意为组件化业务模型，它是对业务进行组件化、专业化描述的一种建模方法。每个组件定义了业务范围，具有独立运作的能力，能够为组织创造独有的价值。

践是提升能力最好的学习方法，华为强调干中学、学中干，训战结合。变革项目组会进行试点辅导，辅助业务人员在实战中真正掌握流程和方法。业务人员在实战中不断总结经验教训、夯实技能，直到真正承担起所负责的工作。有了完善的流程、组织和 IT 等管理体系要素，并且具备流程执行能力，组织才能真正构筑起持续稳定的竞争力。

四、建立自我纠偏机制应对过度管理

1. 过犹不及，走向过度管理

企业的业务不断发展，管理体系的建设会有一定的滞后性，所以管理体系要跟随业务不断演进。一旦管理体系不匹配业务发展，企业运作会变得低效，已有的管理体系甚至会成为面向未来发展的障碍。

华为经过多年的持续变革，已经形成了一整套相对成熟的流程制度。但随着管理体系不断完善，新的问题也随之而来。华为从充满活力的企业，逐渐走向了僵化、低效。下面摘录了我在《流程与变革工作的自我批判》一文中列举的情况：

一方面流程与内控的体系化建设越来越"完美",另一方面作战团队缺少有效使能作战的装备,跑流程还要人拉肩扛。一线抱怨四起,吐槽不断……

在一些部门和机关人员心中,流程成为自己免责的借口,成了方便自己、推责给别人的工具……

原来一件事情找两三个部门就很多了,现在做一件事情,动辄要穿越七八个部门,需要通关的码头越来越多,"十羊九牧"成了普遍现象……

很多大公司死掉,不是因为管理太差,而是因为管理过度,就是所谓的"过犹不及"。公司经过多年沉淀的流程变得冗长、僵化,很难快速跟上业务变化。叠床架屋式的组织带来巨大的内部管理和交易成本。所有这些,最终都让管理偏离了公司经营的目标。

我跟一些企业家交流的时候,他们对此深表认同,随后又补充道:"现在不仅仅在大公司存在管理过度的问题,很多小公司的管理也越来越精细化。公司没多少人,但热衷于收集各种报表,整天陷入文山会海中,有限的人员被这些管理动作耗去了大量精力。"对于中小企业来说,虽然管理不健全,但组织充满活力,靠着敢闯敢拼、冲锋陷阵,也同样能够获得商业成功；如果照搬大企业的管理体系，或者不断折腾尝试各种管理时尚，今天做个流程改造，明天做个全面质量管理而没有对准业务，这样的过度管理会摧毁中小企业的组织活力。一个商业公司，不要有那么多方法论，不要搞太复杂的企业管理，而是要认认真真地为客户服务，为客户创造价值。企业的一切管理都是有成本的，管理动作越多，管理成本越高。如果企业内部的交易成本高于外部交易成本，企业就会出现过度管理，从而失去竞争力。

企业是一个复杂的系统，只有经过有效的管理，才能做到运作高效，在激烈的市场竞争中获胜。**企业在无序时会出现混乱，太过有序又会走向僵化，最好的状态是有序而不僵化。**如果没有外力干预，企业最终会因过度管理而走向僵化，这是所有复杂系统发展的必然趋势。

为什么企业会从无序走向有序，最终走向过度管理？一方面，**管理体系本身是一个风险厌恶型的体系，它追求逻辑上的自我闭环。**当业务出现问题时，管理动作上就会增加节点进行补救。因为没人愿意承担风险，所以没人会主动把这个新增的节点减掉。这是非常自然地在原有逻辑体系下不断自我强化、走向完美的过程。另一方面，管理体系对建设者的知识和技能有很强的依赖性，一旦知识、技能固化了，他们所建立的管理体系必定是在延长线上演进，越来越远离业务实际。这样，流程越来越完美，逻辑越来越闭环，管理越来越复杂，但企业的管理却走向了熵增，组织失去了原有的活力。

2. 保持危机感，坚持自我批判

有意思的是，当华为内部在对抗过度管理的时候，我跟业界的朋友聊天，他们说正在学习华为高效的决策和管理方法。在外界看来企业最光鲜亮丽的时候，可能就是企业自身危机和矛盾产生的时候。一个组织，无论曾经多么优秀，如果没有纠偏机制，也注定是没有希望的。**惶者生存，一个企业要想真正强大，须时刻保持危机感，在坚持自我批判中不断进步。**

华为在战略规划和年度业务规划中都会进行差距分析，我们会将运营效率指标、人均效益指标与行业标杆、自己的历史情况进行对比，从而识别差距，找到问题。如 2012 年财经发表了《华为和竞争对手效率比较》的报告，一针见血地指出"以每小时产生的收入为衡量指标，华为在 ICT 行业的效率比领先厂商大约低 50%"，并对效率低下的原因进行了深入分析。这些量化的差距分析，让我们客观地看到存在的问题，并警醒公司在管理体系上存在不足。

"春江水暖鸭先知"，**越接近客户的组织，对公司的管理**

效率越有发言权,一线员工是公司管理效率最灵敏的感知器,要充分调动各级员工的积极性来共建管理体系。"三峡大坝的成功,得益于一代又一代的反对者,他们的反对促进了决策者的关注,才使工程更为优良。多听听各方面的声音,有利于工作改进。"2012年,我们在心声社区①上邀请全体员工用9个多月的时间持续广泛地讨论,让管理问题显性化。所有"网友"的心声被汇总成为《我们眼中的管理问题》,形成有效增长、效率提升、绩效管理、激励分配、诚信建设等多个主题,共300多条意见。这些内容刊登在华为内部报纸《管理优化报》上,要求每个管理者学习、反思,逼迫大家正视问题,产生紧迫感,所有学习心得上网接受广大员工的监督。

除了来自员工的声音之外,各级管理团队也例行召开民主生活会,既对管理者在过去半年或一年的工作提出批评和改进建议,也对管理者所在的组织和业务提出批评和改进建议。

3. 打破僵化,由治到乱

在自然界安全、稳定的生态系统中,进化缓慢,很难产

---

① 心声社区是华为员工进行交流互动的内部沟通平台,员工可以匿名发帖,揭露问题。

生新物种。比如夏威夷岛四面环海，各物种长期稳定在特定的生态位，形成了封闭的、难以打破的热带雨林生态圈。相较而言，哥斯达黎加热带雨林地处南、北美洲桥梁地带，物种往来频繁，开放的环境使哥斯达黎加热带雨林成为世界上物种最丰富的自然生态体系。哥斯达黎加热带雨林新物种进化速度是夏威夷热带雨林新物种进化速度的10倍。无论是山火还是洪水，都会给生态带来巨大的破坏，但也打破了生态的封闭状态。山火熄灭，洪水退去，生命重新焕发生机，新物种也悄然萌发，生态系统走向了熵减。

企业管理同样需要类似的干预。**很多大公司容易患上变革无力症，因为过往的成功让庞大的既得利益群体和保守势力固化，新的变革很难自发产生**。企业家应敏锐地洞察到这种危机，主动发起变革，打破不合适的制度和流程，激活组织从旧的秩序走向新的秩序，重建或优化管理体系。这是一个打破管理稳态、实现熵减的过程，变革作为负熵之源，能有效破除大企业病。

2006年，任正非在英国出差期间，听取了当地代表处关于经营管理情况的汇报，认为他们围绕财务目标的精细化管理做得好，实现了在混乱中走向精细化管理。为此，我们向其他代表处推广英国代表处的经验，并提供标准化模板让大家借鉴。但在后续的推广过程中，我们发现部分代表处在执行中存在很大的偏差，汇报材料像绣花一样精细，面对竞争却失去了冲锋的锐气和进取精神。因此，我们对部分代表处过于追求精细化管理的做法进行纠偏，重新强调业务扩张和精细化管理之间的辩证关系：管理的目的是在扩张中不要陷入混乱，并非紧关城门，更不是照搬模板、描眉绣花。在攻城占池后，要通过精细化管理尽快让已经占领的市场稳定下来，提升效率和利润。

企业由小到大，面对不确定性，通过建立管理体系来规范业务运作，逐步实现了"由乱到治、乱中求治"。但长期规范化管理，又会导致管理的过度精细和过度管控。前面的例子就是非常典型的由乱到治、由治到僵化的过程。我们难以避免企业复杂的管理运作，但可以**在企业走向复杂的关键节点上及时干预，打破将要僵化的管理体系，实现企业管理的"由治到乱、治中求乱"，使管理走向我们期待的有序并充满活力**。在华为的发展中，任正非是最大的"熵减者"，是变革的倡导者。当任正非意识到公司的管理开始走向过度时，他就会立刻转变为直接打破规则的操盘者，强调不要繁复哲学，要简化管理，甚至重新发起对管理体系的优化调整。

新的变革不意味着推倒重来，沉淀了公司长期实践经验的管理体系仍然是公司有序、平稳发展的基石。变革绝对不能在"泼掉洗澡水的同时，把孩子也倒掉"，而是既要从业务出发建设管理体系,也要通过业务结果检验管理体系的有效性,实现管理从理论到实践的不断进步,以此来避免落入从有序到过度管理的陷阱。

管理体系的价值是支撑业务有效开展,实现公司的商业成功。我们特别强调管理体系建设者一定要懂业务,只有真正懂业务,才能识别出流程中的哪些点是繁复多余的,可以减掉;哪些点是关键控制点,必须保留。**曾经的业务成功不是未来的可靠向导,业务本身在变化,管理体系的从业人员也要不断轮换,到业务中回炉深造**。如果管理体系的建设人员不懂业务,不能与时俱进,所构建的管理体系一定是刻舟求剑式的,必然走向僵化。

通过不断丰富、不断简化,然后再丰富、再简化的方式,华为构建起了"以客户为中心、生存为底线"的管理体系。**每次丰富、简化,都不是简单、机械地增加和删减,而是始终面向业务战略、适应业务变化的"自我批判"**,从而使管理体系成为企业长期发展的基石。

4. "萧规曹随",切忌随意变革

华为在 ICT 技术方面有很多发明创新,但在管理体系建设上,任正非坚决反对盲目创新,要求走保守路线。对于一些稳定的流程,实践已经证明其有效,就不要随意优化,流

程就是要简单、实用。

汉朝刚建立时，多年战乱导致民不聊生，迫切需要休养生息。当时担任相国的萧何鼓励百姓积极发展生产，并立下详细的规章制度，国力得以快速恢复。萧何去世后，曹参当上相国，依然遵守萧何制定的规约，清静治民。任正非非常欣赏这样的做法，在华为管理体系基本建成后就开始倡导"萧规曹随"。在华为 30 多年的发展中，仅有几次大的变革，顺应华为业务的发展重构了管理体系，其余大部分时间都是在不断改良中前进。回顾这几次大的变革，都是历经数年的"松土"，各方面做好了充分准备，才适时启动变革。ESC 的主要职责之一就是把握变革的方向和节奏，抓住公司业务发展中的主要矛盾和矛盾的主要方面，谋定而后动。

法国大革命血雨腥风多年，对社会伤害很大，但并没有解放生产力。英国的光荣革命是和平改良，建立了比法国更稳定、适应性更强的政治制度，更有助于社会发展和进步。**对于企业来说，如果总想着管理上要变革，"新官上任三把火"，为变革而变革，反复"烙饼"，无谓折腾，使企业管理成本升高、运作低效，对公司伤害会极大。**

华为在企业管理中主张改良和渐进优化。1998 年，华为与 IBM 合作进行业务变革之初，任正非一方面强势地要求"削足适履"，一方面在当年的管理工作要点中强调："坚持以流程优化为主导的管理体系建设，不断优化非增值流程，无穷逼近合理。小改进、大奖励是我们长期坚持的方针。"公司要求干部懂得灰度，就是不要频繁地使用革命手段，而是要经常性地以改良的方法对待管理改进，要继往开来，不要推倒重来。

华为在管理上从不追求完美，例如在表彰"蓝血十杰"的同时批判"蓝血十杰"，就是批判他们对管理过度精细化的追求。华为在变革上也从不追求完美，例如在IPD变革中，按照变革进展度量指标来评估IPD在华为推行落地的成熟度，对该指标只要求做到3.5分，不要求做到满分5分。

华为从来都不忌讳公司运作中的各种业务问题，敢于针对不适应业务需要的政策、规则、流程、组织及职责、IT及数据进行优化，从管理进步中要收益。**公司基于"主干清晰、末端灵活"的原则，下放具体作战流程的制定权，这样避免自上而下、整齐划一的管控要求，一线作战单元能够基于公司主干流程，灵活自主地适配差异化作战场景，使流程建设贴近实战、服务作战。**华为已经建立起比较完善的管理体系和流程制度，在业务未出现重大变化的情况下，主干流程尽可能保持稳定，在末端进行改良以适应业务需要。我们要做的是执行好这些固化了成功业务实践的流程，在作战中不断复盘、建模、再复盘、再建模，不断完善流程和管理体系。

回首过去，华为的业务与管理相伴而行。管理是实现业务发展的保障，让企业能够更好地抓住业务机会，而不是"叶公好龙"。1998 年，华为定位为快速跟随者，产品路标方向有国外先进公司引领，管理就成为华为决战疆场的竞争因素，只有实现了管理的规范化、体系化，我们才能比别人做得快、做得好、做得便宜，形成足够的市场竞争力。华为花大价钱聘请顾问，花大气力发起变革，抓管理体系建设无疑是正确的决定。今天，华为已经成为行业领先者，进入了无人区，实现"方向大致正确"是企业家的首要任务，这时管理体系建设要贯彻"萧规曹随"的指导思想，在相对成熟的管理体系下，把有限的资源真正投入战略业务发展中。如果这时再做很多大的变革，就是无谓的折腾，就是为管理体系持续"雕花"，将会增加企业管理成本、降低运作效率，这样的企业就像首航 10 分钟后就沉没的"瓦萨号"战舰一样，不但没有战斗力，还可能毁灭。

华为的实践对于当今的中国企业具有借鉴意义：企业要实现长期有效增长，最重要的是洞察变化、找准方向，做出正确的业务决策。诺基亚 CEO 说"我们没有做错什么"，但实际上是找错了方向。我很认可乔布斯说的"人们不知道他们想要什么，直到你把它摆在他们面前"。**企业找准方向不完全是由客户需求驱动的，非常考验企业家的战略洞察力。**

管理体系很重要，但它并不是总能帮助企业找准方向。一个在混沌中摸索方向的企业，追求精益求精的管理就是找错了发力点，会导致事倍功半。如果企业方向已经清晰，这时候通过变革构建管理体系，提升组织级能力，就是牵住了公司发展的牛鼻子，将会事半功倍。

◆ ◆ ◆

华为历经 20 多年构建起来的管理体系，看似无生命，实则有生命。它的无生命性体现在企业中的每个人都会离开或老去，而管理体系会代代相传。它的有生命性则在于企业中的每个人都会在现有的体系上添砖加瓦，管理体系会一代一代越来越进步。这个管理体系规范运作的时候，企业之魂就不再是企业家，而是变成了客户需求。客户永远存在，这个魂就永远存在。

第3章

高质量规划是变革成功的起点

CHAPTER 3

"凡事预则立，不预则废。"无论是国家改革、城市治理，还是企业转型，都需要提前做好规划。有了规划，心中就有了方向和蓝图，才能按照规划的路径有序推进，做到有的放矢、稳扎稳打，取得预期效果。

1998年，华为决定请IBM帮助公司改善管理的时候，IBM顾问带领我们做过一次公司级的变革规划。今天看来，这个规划非常有必要，它是华为正式变革历程的启航点，确定了一系列对华为影响至深的变革项目，为接下来十几年的变革指引了方向。2016年，ESC将数字化转型确定为公司未来几年的变革主题，并启动了数字化转型规划。正是有了变革规划的指引，公司和各领域变革才能协同并进。经过五年多的努力，华为已经基本实现了数字化运营。

变革是一项长期影响深刻但短期难见成效的工作，牵扯面之广、关联点之多让人应接不暇。我从事变革工作多年，有一个深刻的体会：高质量规划是变革成功的起点。只有提前做好全局性的变革规划和顶层设计，才能提高变革成功的可能性。

一、华为变革的起点

1. 无规划，不变革

1998 年发布的《华为基本法》明确了公司的管理思想框架，但这些管理思想的制度化落地，还要向西方学习，主要是向美国学习。为此，华为先后考察了 IBM 和思科等公司。IBM 经过重大变革重回巅峰，它付出了数十亿美元积累的企业变革的经验教训是人类的宝贵财富。思科也积极向我们介绍了自己的管理实践，希望与华为合作。到底应该学习哪家的管理实践呢？任正非表示很欣赏思科的管理制度，很先进，也很灵活，但不适合华为，因为中国人天生很灵活，"活对活"没办法学；而 IBM 的管理体系相对比较僵化，"灵活对僵化"应该会产生好的结果。最终，任正非决定选择 IBM 作为老师，帮助华为系统性提升管理。

我负责和 IBM 联系，聘请顾问来为华为做咨询。华为期望 IBM 直接教我们改善研发管理，但 IBM 顾问 Arleta Chen（陈青茹）与我们见面后说："我们不了解华为整体的业务方向，所以不适合一来就去改动华为的研发业务和组织。"他们认为，如果一个企业的总体目标和策略没有达成一致，变革的目标和策略必然不清晰，到了具体实施阶段就无法带来收益。IBM 顾问建议我们先做一个整体规划，明确华为的业务策略、业务模式和需要具备的能力，然后再决定开展哪些变革。于是我们启动了 I/T S&P 项目，虽然项目名称是 I/T 策略与规划，但实际上从一开始就是对准公司的业务规划。

I/T S&P 项目分为三个阶段：第一阶段是评估公司的商业策略，确定公司的业务策略和构想；第二阶段是评估当时的 IT 架构和能力，确定未来所需的 IT 架构、原则和管治模式；第三阶段是确定变革项目和实施路标。其中最关键的是第一阶段，公司的业务规划和业务模式是高层团队最关注、投入精力最多的部分。

2. 业务模式决定管理体系

（1）发明还是量产

1998 年 8 月，公司高层就华为的业务目标和业务模式做了整整一周的讨论。公司的愿景是"成为世界级领先企业和世界一流的设备供应商"，明确将 IT 定位为使能者，通过 IT 使能来实现业务目标。我们的目标不是成为世界级的 IT，而是成就世界级的华为。

这一周的讨论对华为影响深远。按照 IBM 顾问提供的模型，公司有什么样的产品定位，就需要具备什么样的业务模式，管理体系要对准业务模式进行建设，三者要互相对应。如果产品定位、业务模式、管理体系之间出现错位，将会带来企业运作的高成本和低效率。IBM顾问在调研了华为的市场和客户，对比了业界最佳实践之后，确定华为所在的通信行业，客户是高度集中的，并希望供应商能够按时保质开发出自己需要的产品，所以认为华为的产品定位应该是"通用商品"，与之对应的业务模式是"量产"模式，华为需要构建与"量产"模式相匹配的管理体系（组织级能力），如图3-1所示。

  华为几年前就自主研发出了交换机、光传输设备等产品，我们坚信华为能够生存就是因为敢于创新，因此我们给自己的产品定位一直是"创新"，怎么可能是"通用商品"？任正非在与IBM顾问交流中也提出了自己的担忧："如果IBM基于量产模式来设计华为的管理体系，可能会让华为丢掉最重要的创新力。"IBM顾问Arleta Chen和Mee Wong（王思锐）强调，华为从"发明"转变为"量产"模式，并不是要丢掉创新，而是要重点解决"发明"模式下开发流程不清晰、产品质量不稳定、成功无法复制等问题。经过激烈争论，最后华为接受了IBM顾问的建议，将华为的业务模式确定为"量产"模式。

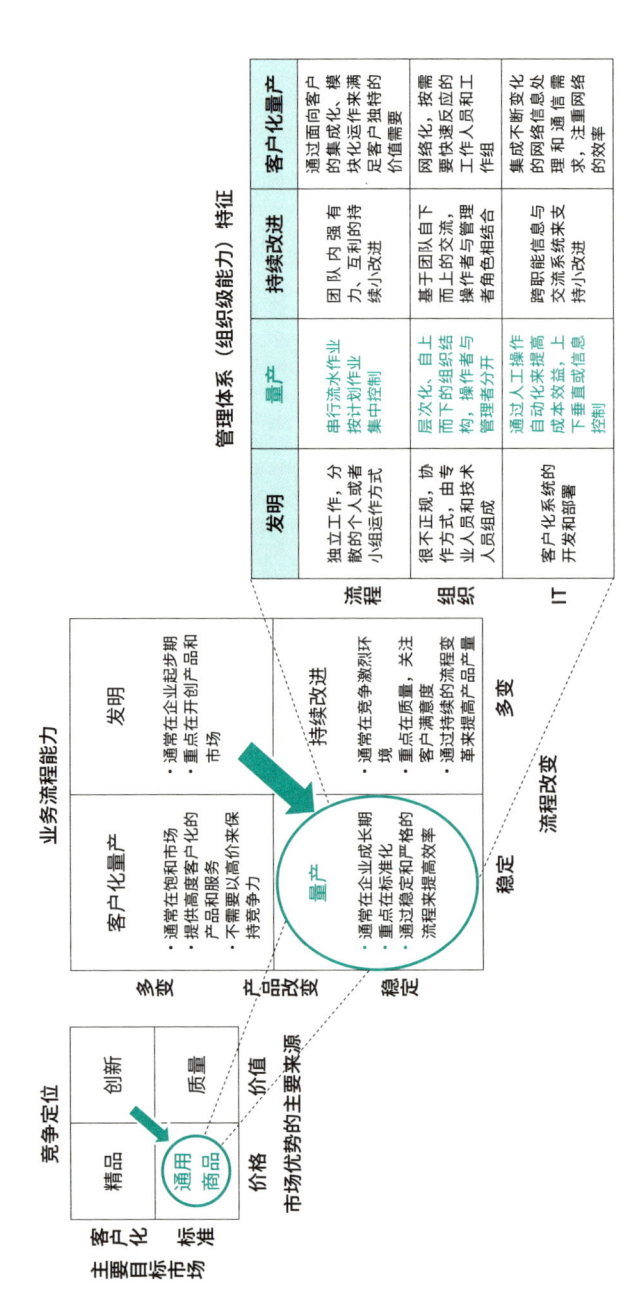

图 3-1 产品定位、业务模式与管理体系之间的对应关系

竞争定位

	创新	质量
客户化	精品	
标准		通用商品

价格　　　价值

主要目标市场 / 市场优势的主要来源

业务流程能力

	发明	客户化量产
多变	·通常在企业起步期 ·重点在开创产品和市场	·通常在饱和市场 ·提供高度客户化的产品和服务 ·不需要以高价来保持竞争力
	持续改进	量产
稳定	·通常在竞争激烈环境 ·重点在质量、客户满意度 ·通过持续的流程变革来提高产品产量	·通常在企业成长期 ·重点在标准化 ·通过稳定和严格的流程来提高效率

产品改变：多变 / 稳定
流程改变

管理体系（组织级能力）特征

	发明	量产	持续改进	客户化量产
流程	独立工作，分散的个人或者小组运作方式	串行流水作业，按计划运作集中控制	团队内强有力、互利的持续小改进	通过面向客户的集成化、模块化运作来满足客户独特的价值需要
组织	很不正规，协作方式，由专业人员和技术人员组成	层次化，自上而下组织结构，操作者与管理者分开	基于团队自下而上的交流，操作者与管理者角色相结合	网络化，按需要快速反应的工作人员和工作组
IT	客户化系统的开发和部署	通过人工操作自动化来提高成本效益，上下垂直或信息控制	跨职能信息与交流系统支持持续改进	集成不断变化的网络信息处理和通信需求，注重网络的效率

"量产"模式的确定，决定了华为之后 20 多年的组织能力建设方向。华为当时的研发组织和流程确实是面向"发明"模式的，每个研发团队各做各的，缺乏端到端的整体视角。而"量产"模式需要稳定的业务流程、结构化的方法和有"纪律"的员工，这样产品研发才能按计划有效执行。我们引进了 PDM 系统，将产品数据跨研发、采购、制造、销售、服务实现了贯通，这就要求物料通用、产品标准化，否则在 IT 系统中跑不通。

华为现在给大家的印象是执行力非常强，能够持续推出高质量、有竞争力的产品。应该说，当年的业务认知和模式定位，成为今天华为管理体系的"基因"。IBM 的管理模型现在看来或许不是业界最先进的，但从产品定位到业务模式，再到与管理体系互相匹配的建设思路依然是值得借鉴的。今天，很多中国企业可能正在逐步构建自己的管理体系，仍然面临华为当年遇到的问题，那就**需要明确产品定位和业务模式，建设与之匹配的管理体系，从而构建起支撑业务发展的组织级能力**。

近年来，很多公司来华为取经，希望学习华为的 IPD，市面上也有很多公司提供华为的研发咨询。核心问题是这套管理体系是否与你公司的业务模式相匹配呢？现在很多企业推崇"Two-Pizza Team"①的做法，那是典型的"发明"模式下的运作。如果把这种模式用于典型的批量制造产品的企业，肯定不合适，还可能给企业带来灾难。定义企业的业务战略和业务模式是首要前提，流程、组织、IT 都需要与企业的业务定位相适配，这样才能构建与业务模式相匹配的组织级能力，企业业务发展才能滚滚向前。

(2)"此岸"和"彼岸"

华为从小公司发展而来，客户就是华为的衣食父母，我们发自内心地重视客户需求，追求客户满意。为了从客户视角了解华为如何为客户创造价值，在 I/T S&P 项目中，IBM 顾问引入了"价值创造网"这一工具，分析华为靠什么来赢得市场竞争、获得客户认可。通过大量的客户访谈和公司管理层研讨，最终确定了华为可以给客户带来如下价值创造要素：

- 产品质量好，可靠、稳定。
- 满足客户的功能需求，而不是开发自认为创新的功能。
- 为客户提供有竞争力的价格且满足需求的产品。
- 具备平台和持续演进能力，保护客户长期投资。

---

① Two-Pizza Team：两个比萨团队。最早由亚马逊 CEO 贝索斯提出，他认为如果两个比萨不足以让一个项目团队吃饱，那么团队可能就显得太大了。意指创新团队应该小规模、快速灵活运作。

- 售后服务及时、有效，而且服务好很可能成为未来的竞争优势。

基于价值创造网的主要研究结论，IBM顾问帮助华为整理了未来的业务构想，也就是公司层面最主要的业务改进方向。当时IBM顾问提供的方法是MBI，MBI的前一段是市场管理，通过市场洞察和市场细分确保做正确的事；MBI的后一段是集成产品开发，对准市场需求完成产品开发上市，实现正确地做事。基于此，I/T S&P项目形成了四大业务构想：第一是集成产品开发，从管理产品需求到产品上市；第二是市场驱动的产品策略，包含市场管理、营销运作等；第三是市场驱动的客户服务策略，为客户提供及时、准确、优质的交付服务以实现客户满意；第四是成本和投资管理，包括改进产品物料成本及存货、从投资角度看待研发等。

前面我们把变革比喻为助力业务"过河"，从"此岸"到"彼岸"。虽然有了业务构想，但未来到底会变成什么样，我们还是缺乏清晰的认知。IBM顾问带领我们**用生动形象的方式来描绘美好的"彼岸"，让大家对变革之后的业务状态有了清晰、鲜活的认识，牵引大家对变革工作的投入**。以产品开发领域为例，产品开发人员可以随时访问智力资产数据库获得设计指导书、项目经验、产品文档，直接调用公共器件库来避免重复开发，借助工作流系统定期生成报告、例行跟踪项目进展，这些都可以帮助研发团队快速开发出满足客户需求、达到质量标准的产品，如图 3-2 所示。

项目经理平台工具
- 项目管理工具
- 资源调配工具
- 过程工作流
- IRB 审批模板
- E-mail

项目经理

新产品成功

全部设计信息在公共器件库

开发人员智力资产数据库包括设计指导书、项目经验、产品文档

开发人员平台工具
- 设计工具
- 文档工具
- 工作流应用系统
- 定期报告
- E-mail

开发工程师

产品数据管理（PDM）

MRP Ⅱ

图 3-2　产品开发愿景图

通过对未来业务场景的细致描绘，我们的脑海中终于有了感性的画面，认识到变革会给我们带来巨大的变化和价值，变革热情一下子被激发起来了。I/T S&P 项目中使用的描绘未来愿景的方法，对华为人来说非常直观、鲜活，今天华为的很多变革项目仍会沿用这种方法。

在清晰描绘了"彼岸"之后，我们需要冷静地审视"此

岸"。IBM 顾问分析了华为当时的业务现状,包括业务流程、组织职责及 IT 系统等,让我们看到了华为与业界最佳实践之间的巨大差距。以 IT 为例,当时华为的 IT 管理非常随意,每个部门都有权独立购买 IT 设备、根据需要自行搭建网络,不需要经过公司 IT 部门的审核,IT 部门根本不知道公司到底有多少台服务器、多少种网络。从业务部门的角度来看,公司的 IT 都是一个个烟囱式系统,没有整体架构和系统设计。销售人员要完成一份销售合同的评审,可能要进出多个 IT 系统,而且这些 IT 系统之间的数据不一致,需要自己手工处理数据并上传。

IBM 顾问建议我们寻找当前业务中的 "Burning Platform"①,就是找到大家最不满意的痛点和危机点,由此切入变革。着火点的解决可以使业务部门更快看到变革成效,有助于变革推进。现在华为所有的变革项目都会进行充分的现状评估,找到最需要改进的着火点,提高公司上下对变革必要性的认知,减少变革阻力。

---

① Burning Platform: 意为着火点,指当前业务中最棘手的、亟须改进的内容。

3. IT 是管控也是服务

（1）集中还是分散

在完成第一阶段的业务定位和现状评估后，第二阶段的重点是确定 IT 架构、原则和管治模式。

在这个阶段，我们首先需要确定公司对 IT 的定位。国内很多企业都有一个信息中心或者信息化部，就是我们所说的 IT 部门。对很多企业的 IT 部门来说，他们就是"just do it"，业务部门说开发什么系统、实现什么功能，IT 部门照着做就行；但流程和 IT 是一体的，IT 要深度嵌入业务中才能发挥作用。IT 部门到底是管控机构还是服务机构？华为认为 **IT 既有管控职能，又有服务职能，这两种职能在支撑业务中是对立统一的。**

在 I/T S&P 项目中，华为确定了"集中控制、分散资源"的 IT 管治模式。公司要有统一的基础设施、统一的 IT 架构，因此 IT 建设的策略、原则、技术标准等必须集中控制，保持一致。各业务部门必须统一遵从 IT 的基本原则，否则业务部门各做各的，公司的 IT 系统会变成一个个烟囱，无法实现集成和安全管理。另外，IT 要支撑业务获得成功，因此 IT 的人力资源、技术资源等尽量分散到各业务部门中去，贴近业务，以便更快地响应客户需求，支撑业务开展。由此，华为的 IT 管治模式逐渐从原来的正方形调整为菱形，如图 3-3 所示。

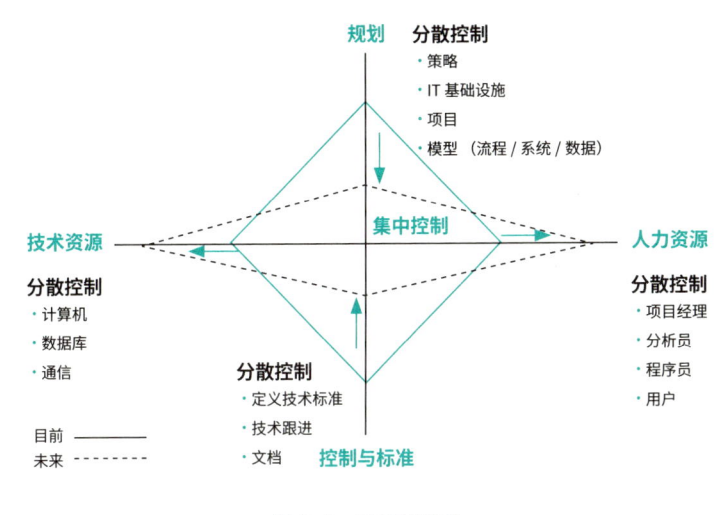

```
                规划
                 │
         分散控制  │ 分散控制
                 │ ·策略
                 │ ·IT 基础设施
                 │ ·项目
                 │ ·模型（流程/系统/数据）
                 ↓
技术资源 ←────── 集中控制 ──────→ 人力资源
分散控制          │              分散控制
·计算机           │              ·项目经理
·数据库           ↑              ·分析员
·通信             │              ·程序员
                 │              ·用户
         分散控制  │
         ·定义技术标准
         ·技术跟进
         ·文档   控制与标准

目前 ───
未来 ------
```

图 3-3 IT 管治模式

"集中控制、分散资源"的 IT 管治模式很好地平衡了 IT 的管控和服务两种职能。基于这种定位，华为将 **IT 部门定位为使能者，而不是单纯的服务组织，IT 要支撑业务的有效开展，并成为公司中央集权治理的一部分。**

（2）自主开发还是引入软件包

在 IT 策略中还有一件特别值得讨论的事：到底是自主开发 IT 系统，还是引入业界成熟的软件包？自主开发的好处是灵活响应业务需求。引入软件包的好处是获得大公司成熟的软件，但升级维护成本高。对于这件事，一时间大家争论不休。

1998 年，华为员工都很年轻，对管理体系完全没有概念。我负责管理供应链的时候，看到车间主任一上任就把前任的东西推翻，按他自己的想法重新建一套流程和制度。以我们当时的理解能力和行事方式，没办法学到业界最佳实践的精髓。任正非提出要"削足适履"，本质上是让我们坚定不移地学业界领先的管理，不要别出心裁、自以为是。我们**采用软件包驱动业务变革的 IT 策略，有利于借助软件包把业界先进的实践固化下来**。

对于如何有效发挥业界成熟软件包的价值，我们有深刻的体会。1996 年，我把甲骨文公司（Oracle）的 MRP Ⅱ 引入华为，华为是 Oracle MRP Ⅱ系统在中国的第一个重点客户，为建设这个系统，我们花了很大的力气。但在访谈中，内部用户对 MRP Ⅱ系统提了很多意见，最不满意的是"IT 只装了一个系统，业务流程没有理顺，业务和 IT 人员之间缺乏有效的交流"，这对我的触动很大。

IBM 顾问认为业务流程优化和 IT 系统建设是相辅相成的。引入软件包正确的做法是基于软件包内嵌的业务逻辑，结合企业实际情况先优化流程，再实施软件包，这样软件包按成熟的业务逻辑跑起来才能简洁、高效，我们把这种方法称为软件包驱动业务变革。而当时华为的做法是直接把原有的业务活动"搬进"了 MRP Ⅱ系统，没有提前对流程进行优化。这样，一方面在 MRP II 系统里跑的是原来七拐八绕的流程，系统运行起来笨拙低效；另一方面还破坏了系统中原来的设计逻辑，导致大量的定制开发。如果对软件包进行 30% 以上的定制开发，那引入软件包的意义就不大了。

最终我们确定了软件包驱动业务变革的工作方法，决定优先引入业界成熟的软件包。IT 的根本不在于程序，而在于思想。**成熟的软件包背后沉淀了企业管理的最佳实践，我们要引入的不单单是那套软件，还有软件背后所承载的业务管理逻辑。**经过多年努力，我们基于软件包构建了以 ERP、PDM、CRM 等为主干 IT 系统的业务支撑平台。

近几年，由于美国制裁，当年我们从美国购买的软件包给公司带来了业务连续性上的挑战，这是环境变化带来的新问题。但回头看，我仍然认为当年选择软件包驱动业务变革是正确的策略。对于现在正在进行数字化转型的企业，同样具有借鉴意义。企业应该集中力量做好自己的核心业务，对于内部 IT 系统，如果市场上有成熟的软件，应该优先购买，而不是想着自己开发。这不是单纯省钱的问题，而是如何看待企业 IT 策略的问题。企业自行开发 IT 系统，不仅无法吸收借鉴业界成功实践，还要为这套系统的持续演进养一支队伍，分散了企业的有限资源，是不明智的做法；反之，直接引入业界成熟的软件包，同步引入了成熟的管理模式，是一种非常高效的方式。

(3) 调整组织，抓好 IT 和流程

为了把"集中控制、分散资源"的 IT 管治模式真正落地，IBM 顾问帮助我们重新设计了 IT 部门的组织结构，如图 3-4 所示。IBM 顾问把华为 IT 部门主管定位为 BR&CIO[①]，BR 负责业务流程优化管理，CIO 为业务提供更好的 IT 系统和服务。

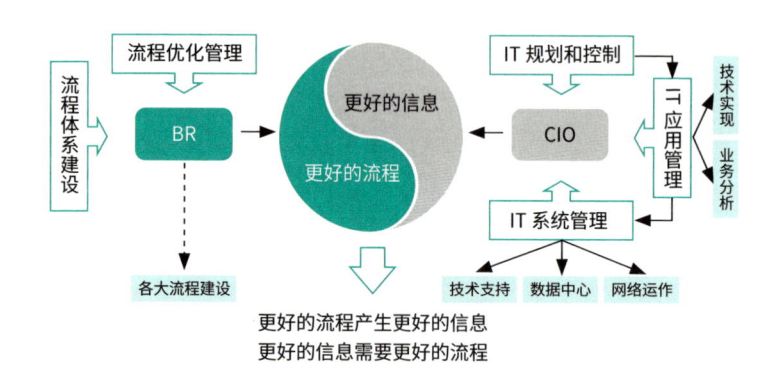

图 3-4 华为 IT 部门的组织结构

为支撑这个新定位，IBM 顾问建议将 IT 部门沿着流程

[①] BR&CIO: Business Re-engineering and Chief Information Officer 的缩写，意为业务变革和首席信息官。

分为三个组织：IT 规划和控制部负责公司 IT 的整体规划和项目质量管控，确保各业务部门遵从 IT 管治规则；IT 应用管理部负责根据业务需求选择软件包，并做少量的定制开发，完成落地实施；IT 系统管理部负责公司 IT 基础设施和系统转产后的统一运维管理，为用户提供 SLA[①] 保障。除此之外，该组织中还增加了一个新部门——流程优化管理部，承担企业流程管理能力中心的职责，一方面管理并维护公司流程架构，另一方面与业务部门一起优化业务流程。华为的 IT 部门名称虽然已经从 1998 年的"管理工程部"更名为"质量与流程 IT 部"，但其在业务变革、流程优化、IT 建设等方面承担的职责没有改变，IT 与业务的关系也仍然遵循 20 多年前的定位。

从变革的角度看，可以认为 I/T S&P 项目也是华为流程和 IT 领域的变革项目。通过该项目，我们确定了业务、流程与 IT 的关系，明确了 IT 管治模式，优化了流程与 IT 组织，构建起了公司的流程和 IT 管理能力。正是因为有了这种强大的流程和 IT 管理能力，才能支撑起后续持续的业务变革。此后，随着 IPD、ISC、CRM、IFS 等变革的开展，也一直在同步提升公司的变革管理、流程和 IT 管理能力。

[①] SLA：Service Level Agreement 的缩写，意为服务水平承诺。

4. 以时间换组织能力

I/T S&P 项目最后一个阶段制定了公司未来三年的变革路标。IBM 顾问基于前两个阶段的输出，规划了八个变革项目（集成产品开发、市场管理、MRP II改进、供应链管理、售后客户服务、项目投资管理、成本核算、预算与预测）和五个 IT 项目（IT 流程、技术与产品标准、网络基础设施、业务恢复、企业数据模型）。

IBM 顾问建议用三年时间完成上述变革项目和 IT 项目，但后来的实践表明，五个 IT 项目很快就完成了，而八个变革项目前后共花了十几年时间，其中 IPD 和 ISC 变革项目各做了四年，IFS 变革项目做了八年。

公司要求 IBM 顾问不要"授人以鱼"，而是"授人以渔"。变革不仅带来新的管理理念，还设计了新的流程制度、组织职责及 IT 平台，这些管理理念、变革成果都需要华为人较长时间的消化理解。新技能需要时间来积累，华为变革项目组也需要学会自己开展变革。我们将变革周期拉长，让**华为人在 IBM 顾问的指导下一同完成方案设计，从而加深理解，再通过试点及推行，渐进式地推进变革落地，让大家接受新的理念，逐步实现行为的改变和技能的提升，真正构筑起新的组织级能力。**

虽然变革周期拉长了，但我们却始终沿着 I/T S&P 项目的规划方向一路前行，经过多年的持续变革和落地夯实，将业界领先公司的管理实践逐步内化为华为的组织级能力，支撑公司最终实现了"成为世界级领先企业"的愿景目标。

二、公司级变革规划

I/T S&P 项目是华为第一个公司级的变革规划，此后的 20 多年，华为一直坚持做好变革规划。**变革是一项复杂的系统工程，而变革规划就是这项系统工程的顶层设计。**

变革是为了达成公司战略。在 I/T S&P 项目中，我们先明确了公司的产品定位和业务模式，然后开展了变革规划，这是非常宝贵的经验。此后的变革规划，我们仍然坚持这一指导原则。企业变革规划一定要基于业务规划开展，绝对不能为了变革而变革。华为的实践是在开展战略规划的同时输出中长期变革规划，制订年度业务计划的同时完成年度变革规划，确保变革规划始终承接 SP 和 BP，为支撑业务战略达成构建起必需的组织级能力。

一个好的企业变革规划，既要描绘出公司变革的愿景和蓝图，使公司全体形成方向上的共识，又要有清晰的变革举措、路标和项目清单，真正指导后续变革的有效开展。与 I/T S&P 项目的三个阶段相似，目前华为公司级的变革规划也分为三个阶段——确定变革愿景、制定 IT 策略、开展项目规划，如图 3-5 所示，它也是华为数字化转型规划中使用的方法。

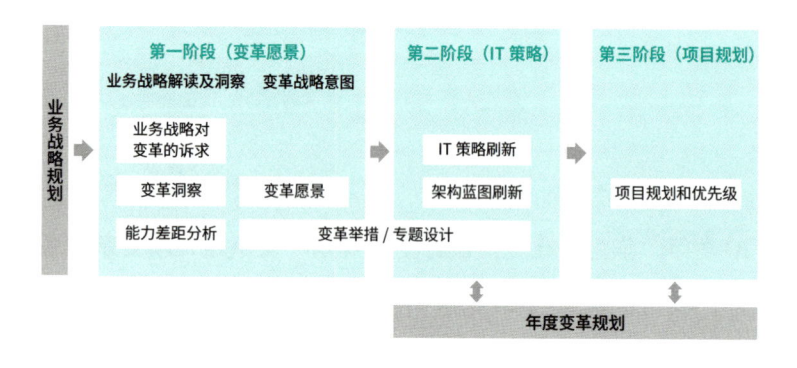

图 3-5 变革规划方法论

1. 站在后天看明天

变革规划的第一阶段是确定变革愿景。**华为变革规划采用愿景驱动的方法，站在后天看明天，这样的变革才能有足够的前瞻性**。变革规划工作组先要解读业务战略对变革的诉求，之后洞察业界优秀实践，分析实现业务战略的能力差距，最终确定公司 3～5 年后的变革愿景（即"彼岸"）。

2017年，华为明确了新的愿景："把数字世界带入每个人、每个家庭、每个组织，构建万物互联的智能世界。"新愿景需要通过变革去实现，在这一背景下，ESC将数字化转型确定为公司未来5年的变革主题，明确了"把数字世界带入华为，实现与客户做生意简单、高效，内部运营敏捷，率先实现ROADS[①]体验，成为行业标杆"的变革愿景。

有了美好的变革愿景，还需要明确变革目标。我们确定变革的目标是"支撑公司实现收入、利润、现金流的持续有效增长，人员不显著增加"。一方面，要实现大平台支撑下的精兵作战，建设可重复、可持续的组织级能力；另一方面，要以客户为中心，构建简单、有序、适应未来变化的管理体系。

围绕这个目标，我们持续开展了5年以数字化转型为主题的变革。到了2020年，华为实现收入8914亿元、利润725亿元。相较于2016年，收入增长70%，利润增长52%，但人员增长仅为14%，基本达成了"收入、利润、现金流的持续有效增长，人员不显著增加"的变革目标。

时代从信息化迈向数字化，华为下决心要做数字化转型，

---

① ROADS：华为最先提出的衡量用户体验的新标准，包括实时（Real Time）、按需（On Demand）、全在线（All Online）、自助（Do It Yourself）、社交化（Social Experience）。

但对数字化还缺乏深刻的理解。为此,我们花了很大的精力,不断地讨论数字化对华为来说意味着什么。在讨论的过程中,大家逐渐统一了思想,形成了清晰的认知:**数字化转型的价值是提升用户体验、提高运作效率、创新业务模式,支撑业务成功。**

在过去的 IT 实践中,我们侧重于功能开发,数字化转型则聚焦于提升用户体验。我们将华为的用户分为六类(客户、消费者、合作伙伴、开发者、供应商、员工),通过建立统一的数字入口,为他们提供极简的体验。以前客户与华为做生意需要对接多个 IT 系统,导致数据不一致,很多需要手工操作,不仅效率低,而且容易出错,线下沟通成本也高,客户抱怨不断。通过数字化,我们的订单系统与客户系统自动对接,电子订单接收后自动向下游传递,不仅缩短订单处理周期,客户还可以直接实时查看订单履行情况。通过优化与客户的交易流程、简化与客户的 IT 入口,实现了客户与华为做生意更简单、更高效。

华为内部曾经有很多"表哥表姐"[1],他们每天需要手工处理大量的数据和报表。数字化后引入自动化和 AI 工具,减少了员工的重复作业,提升了工作质量和效率。过去终端 BG

---

[1] 表哥表姐是戏称,指手工处理数据和报表的员工。

每新增一个门店，IT 都要用一个多月的时间才能完成基础设施和应用系统建设，现在仅需一周左右就能支持快速开店。2021 年 3 月，苏伊士运河堵船事件一发生，我们当天就确定有 28 艘船、400 多个货柜、123 个客户受到影响，便马上为 4000 多份客户订单紧急补货，将欧洲工厂的生产能力提升了 30%，同时制订中欧班列方案并锁定专列资源，最终客户界面基本未受到影响。通过数字化转型，我们可以在快速变化的市场环境下做出敏捷、准确的业务决策，而非陷入传统的烦琐程序。

除了提升用户体验、提高运作效率以外，数字化转型还可能涉及业务模式的重新定义。按我们的理解，**数字化转型的核心是通过模式创新，让业务产生质变，助力业务持续成功**。过去运营商项目"颗粒度"大、交付复杂，部分现场交付工作要由合作伙伴完成，客户和华为工程师要到现场验收，流程长，效率低。因此，我们建立了 ISDP，其中的远程验收功能可以自动识别安装交付中存在的问题，客户和华为工程师只需要与在现场的合作伙伴视频，就可以在远程终端上完成验收。用数字化手段对项目验收业务进行优化，大大减少了过去反复上站带来的高成本和低效率。

数字化不仅在主营业务上发挥着重要作用，现在我还把它应用在监事会对干部的考察、选拔和培养上。我们已经设计了能力词典、经验词典，并以此为基础进行干部考察。系统会对标岗位要求，智能识别履历、能力等各方面都符合条件的多个候选人，不仅让优秀人才迅速浮现，而且避免了过去凭主观印象选拔干部的弊端。我们可以针对候选人增加条件，让他们在后备干部循环中补足经验，这样就有更宽的选择面，让后备干部人才辈出。在数字化的"加持"下，接班人队伍建设也可以在有限理性中做好感性决策。

我在工作中经常和很多企业家交流数字化转型。据统计，全球 97% 的企业都在考虑数字化转型。企业家对数字化的期望很高，愿景很美好，但很多时候对企业究竟为什么要做数字化转型挖得不深，目标也不清晰。**企业数字化转型不仅是技术更新，更是一场触及企业文化、业务、责任和权力的深刻变革**。数字化转型一定要和企业业务目标结合，最终体现在业务的增长或效益的改进上。企业做数字化转型，目的是在急剧变化的未来竞争中实现业务成功、公司成功，而不是建最好的数字大厅、最好的销售看板。**数字化转型是手段，而非终极目标**。

2. 架构蓝图统一认识

变革规划的第二阶段是基于变革愿景和目标刷新 IT 策略及架构蓝图。我们通过企业架构对变革目标进行系统性、分层分级的细化描述，使公司上下都能够在同一架构蓝图下形成共识，保障变革按计划有序实施。

企业架构是连接业务战略和 IT 战略的桥梁，是变革规划的核心。一个好的企业架构设计，能够更有效地指导变革开展和 IT 建设。企业架构通常采用 4A 架构方法对企业的整体能力进行定义，它包括四类架构，相互关联，形成整体。把企业比作一座大厦，可以更方便地理解四类架构的内容：

业务架构（BA，Business Architecture 的缩写）对业务进行结构化的表达，描述业务如何实现战略意图和目标。业务架构就相当于大厦的结构设计，负责规划大厦的用途、功能和布局，确保大厦不同功能区域能有效协同运作。

应用架构（AA，Application Architecture 的缩写）明确支撑业务目标达成所需的 IT 应用系统及其定位、功能，以及与周边其他 IT 系统之间的集成关系。应用架构就像大厦的各种设施、家具、电器等，满足居住者的各种实际需要。

信息架构（IA，Information Architecture 的缩写）结构化描述了在业务运作和管理决策中所需要的各类信息，以及这些信息之间的相互联系。信息架构相当于大厦中的电力、水、通信设施，确保这些能在大厦内部顺畅运作。

技术架构（TA，Technical Architecture 的缩写）指 IT 基础设施所涉及的网络、技术、组件、安全等。技术架构确定了大厦用什么技术、什么材质去建设。

在华为的变革实践中，架构蓝图要瞄准未来，架构设计要符合演进趋势。我们确定了全面云化、服务化、分层解耦的 IT 架构原则，明确强大的 IT 平台是数字化转型的基础。各业务部门可以根据需要调用数字平台上的各种能力，通过组合适配，开发各类业务应用，从而在遵从 IT 架构原则的基础上满足业务需要。

很多企业家在跟我交流数字化转型时，经常会谈到几个核心问题，比如用什么技术、是否上云以及上云的节奏等。这些都是在 IT 策略和蓝图制订阶段必须回答的问题。

企业在谈论数字化转型时往往谈的是技术，甚至有些企业会跟风炒作一些概念，言必谈 5G、人工智能。华为总结几年数字化转型实践时发现，数字化转型不能只考虑技术，必须想清楚数字化转型要解决什么业务问题，以业务目标为牵引，思考如何改进业务，从而使业务更简单、高效。有了这个前提，才考虑选择什么技术，怎么利用技术辅助业务数字化和智能决策，提升用户体验和运营效率。很多企业想让华为帮助做数字化转型，我们确实可以提供技术上的帮助；但数字化要实现什么业务目标、解决哪些业务问题，这些必须由企业自己来回答。有了清晰的愿景和目标，再考虑架构蓝图和技术选择问题。

很多企业对是否上云也有一些困惑。我认为基础设施云化是数字化的一种趋势，云化将联接、计算、存储等资源集中起来优化配置，从而提高使用效率。公司在一个产品线做过测试，云化可以提升 90% 的资产使用效率。过去我们都是烟囱式的应用，从需求、开发到运营都是瀑布式的，不仅需要大量的人力，而且实现周期长。云化、服务化的架构可以让我们全盘考虑如何做好公司核心能力布局，如何把能力通过服务化的方式沉淀下来实现共享，大大降低各业务做数字化的门槛。

对于非云原生企业来说，历史上有大量的应用系统，怎么处理历史包袱是非常头疼的问题。在实践过程中，经常会有两种观点：一种是觉得历史系统还能用，改起来费时费力，不愿意改，数字化阻力很大；另外一种是要求新建的系统把历史数据、功能全都搬上来，结果把历史包袱都扛了过来，业务数字化举步维艰。其实数字化最关键的是数据，我们可以着重拉通新、旧数据，至于系统是否上云不用一刀切。新开发的应用直接构建在云平台上，老系统也不用强搬上云，一点一点迭代，这种策略会大大减少数字化转型的压力。

原来企业用于分析管理的 IT 系统很多是事后系统，数据靠人工事后补录。**数字化转型之后，作业即数据，数据在业务运作中实时产生，像血液一样运输营养，和业务活动紧密**

结合。管理者从这些实时的数据中按需提取，不需要让业务人员手工反馈各种表格来满足管理需要。如 ISDP 在规划阶段就定位为集成服务交付的作业平台，它嵌入客户和合作伙伴的生产流程，开放给员工、客户和合作伙伴进行一站式作业。项目完成交付的同时记录了各种作业数据，交付过程自然就全程可视、可管。

还有一个问题易被企业忽视，就是网络安全和数据保护问题。毫不夸张地说，网络安全和数据保护是开展企业数字化的必答题。原来企业的会议、门禁等都是封闭的，现在全部联网必然会带来更大的安全威胁，不做好全局网络安全，就会在薄弱环节（如食堂）出现重大漏洞，造成重大损失。现在的数据不仅涉及本企业，还涉及大量的用户、合作伙伴的交易数据；如果没有统一的数据治理，不能做好隐私和权限管理，很可能给企业带来灾难。我们的建议是如果企业做不好网络安全和数据保护，数字化的进程宁可慢一些。

3. 路标指引变革节奏

变革规划的第三阶段是制定变革项目路标，即形成未来几年需要在公司层面开展的变革项目清单，并进行优先级排序。华为将涉及跨领域、跨部门的管理体系重构定位为变革项目，将涉及某一领域流程、组织职责和 IT 系统的管理改进定位为优化项目。

华为的数字化转型规划按照平台和业务两个维度展开，形成多个变革项目，由此形成了面向未来五年的变革项目路标。集团对准全局性、平台性的工作打好基础，业务变革由业务部门主导，IT 部门做好使能。

平台包括资源与联接、智能与运营、安全可信、业务使能四个部分。ESC 第一个数字化转型项目就是数字平台项目。我们用三年时间完成云化数字平台建设，实现 IT 平台的云化、服务化，同时对数据底座进行汇聚，为各领域的数字化转型打好基础，最终实现所有数据进平台。

业务数字化的核心是对准业务流程，进行对象、过程、规则的数字化，实现业务重构。业务数字化包括产品数字化、营销数字化、供应链数字化、财经数字化、人力资源数字化、协作办公数字化等多个领域。数字化转型规划的核心是业务规划，业务主管要在其中发挥关键作用。华为每个业务领域的数字化均由业务一把手领导，按以用促建的原则做好项目统筹。转型不用追求齐头并进，各领域可根据自己的业务特点和需求，先在某业务实现贯通，达成业务收益之后再逐步扩展。比如围绕客户交易，我们先启动了运营商业务的交易流数字化项目，提升客户交易体验和运作效率，之后才在企业业务中逐步展开。

在这个阶段，变革规划工作组针对每个变革项目，定义项目目标、范围、价值收益、里程碑、关键交付件、预算、问题和风险等概要信息，相当于一份简略版的变革项目立项报告。项目在启动时，这些概要信息将被进一步详细定义。

需要指出的是，变革规划不是一成不变的，积极应对变化永远是第一位的。2019 年遭美国制裁后，华为首先要解决活下去的问题，其次才是运营效率的提升问题。当年 6 月，我们调整了变革的节奏和优先级，将效率提升类、体验改善类的变革项目逐步收尾或者暂时停下来，集中力量先解决影响企业生存的业务连续性问题（如 ERP 系统、研发工具等）。**华为建立的是"以客户为中心、生存为底线"的管理体系。不能支撑企业生存，再好的管理体系，都没有意义。**

三、项目级变革规划

1. 愿景驱动变革

在公司级变革规划中，第三个阶段对变革项目的概要定义还是非常粗略的。在项目真正启动之前，项目组还会花 3～6 个月的时间做项目层级的变革规划，在承接前期概要信息的基础上，详细描述变革项目的业务痛点、目标与范围、关键变革点、流程/组织/IT改进方向、交付件及验收标准、项目组织结构、详细计划等，确保变革项目可落地实施。

华为供应链负责运营商、企业、终端多个业务的供应，2014年支撑2882亿元的收入，未来将支撑近万亿元的收入，而且供应体系的人力要基本保持不变。当时供应链管理通过单纯的优化流程、提高效率是不可能达到这个要求的，必须借助数字化的手段，建设更主动、开放的供应链。在此背景下，我们优先选择了供应链领域作为公司整体数字化转型的试验田。2015年，在"IPD+""CRM+"两大项目群的基础上，华为启动了"ISC+"变革项目。

"ISC+"变革项目采用了愿景驱动的方法。项目组在顾问指导下，充分借鉴业界供应链的最佳实践，明确了2020年华为供应链业务的愿景："利用数字化供应网络提升客户体验，变被动响应为主动服务，在保障的基础上强化竞争要素，将供应链建设成为华为的核心竞争力之一。"

2. 从客户体验出发

"ISC+"变革愿景充分借鉴了I/T S&P项目中的场景描述方法，按照盒式产品交付和解决方案交付两个场景进行设计。两个场景的设计方向虽有所不同，但都是从客户体验出发，让客户与华为做生意更简单、更顺畅，如图3-6所示。

盒式产品看得见、摸得着，尺寸不大，装上去调测好就能用，像路由器、摄像机都是典型的盒式产品。大家都有在电商买东西的经验，购物全程可视，什么时候发货、货到哪里了、什么时候到货，都看得一清二楚。但对于To B业务，行业整体体验都很差，有时候客户下单一两周后才发货，啥时候到货根本没有把握。华为在盒式产品交付上就是要充分借鉴To C业务，打造全新的业务实现路径，实现"为To B业务带来To C体验"。客户和合作伙伴可以像消费者在电商买东西一样，直接在网上自助下单、验收付款，还可以实现网上快速退换货等。客户采购订单生成后直接对接到供应链履行，整个订单履行快速、高效，货期有保证，订单和物流的状态全程透明可视。

解决方案场景更复杂一些，需要前端规划，多个产品软硬件组合交付才能满足客户需求。在解决方案场景中，我们围绕客户交付的端到端流程，将方案设计、网络规划和建设过程集成起来，打通华为与客户、合作伙伴，实现内外部多个角色并行工作，高效协同。工程师可以在线完成解决方案配置，客户同步收到配置并在线生成订单，系统自动给供应商下单采购，减少层层汇总和分发的环节，缩短了交付周期。系统会将项目计划及供应能力在线匹配到网络、站点、网元

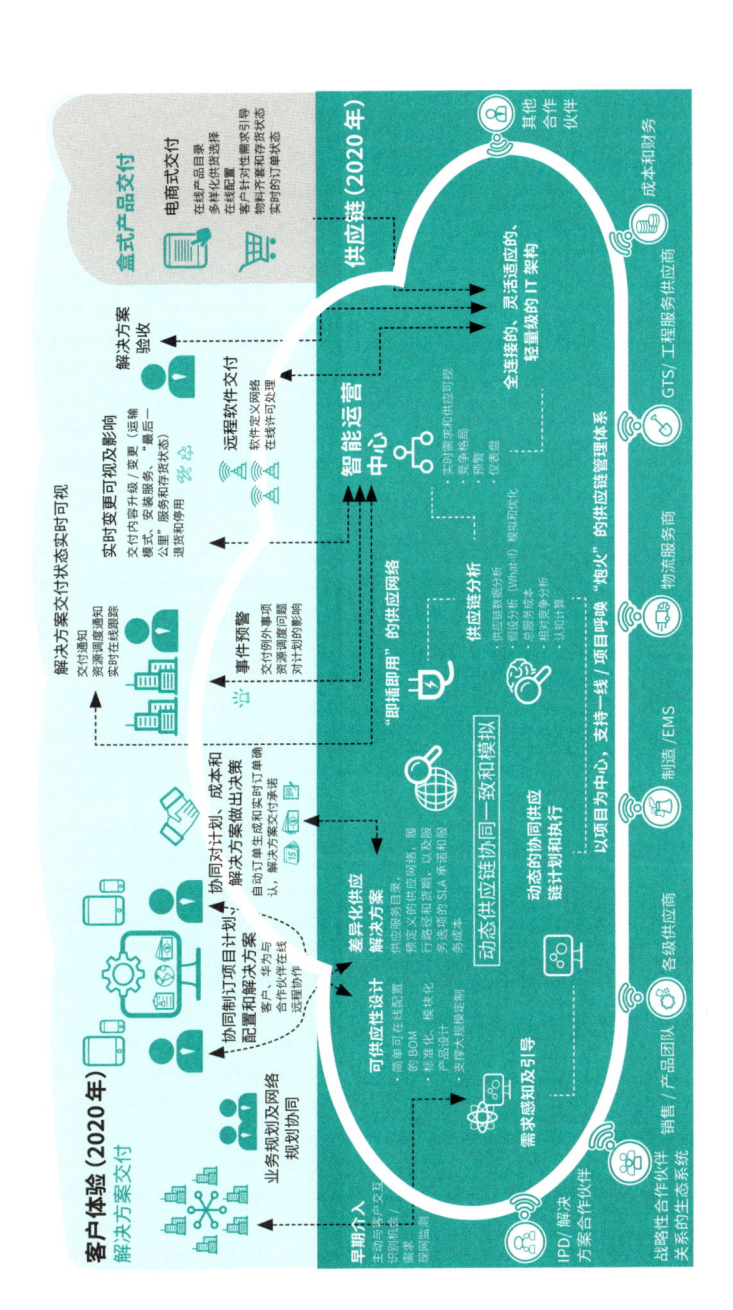

图 3-6 "ISC+" 变革 2020 年愿景

注：图 3-6 来源于 2015 年 "ISC+" 变革愿景规划。

上，整个订单履行状态全程在线可视，华为的订单、生产、物流各角色可以主动开展工作，而不是被动等待上游环节传递信息。

过去供应链重在响应客户需求，未来要构建主动型的供应链。通过"ISC+"变革，将实现以下六大转变：

● 将当前与客户以线下为主的业务模式转变为线下、线上并重的模式，确定性业务客户可以在线上自助下单。

● 将销售与交付项目大量信息串行传递转变为基于客户项目与网络信息共享和协同并行。

● 将大量人为手工作业转变为基于标准化业务场景和结构化数据的IT系统自动化处理。

● 将依赖个人经验和直觉判断的决策转变为基于数据分析使能的决策支持。

● 将以全球资源准备和分配的计划模式转变为预测驱动和项目驱动推拉结合的资源分配机制。

● 将以机关管控为主转变为充分授权一线自主决策，机关提供能力支撑并履行监管职责。

3. 变革主线和项目路标

在明确2020年变革愿景的基础上，"ISC+"项目确定了以下三条变革主线：

- 简化交易，提升客户交易体验和一线效率。
- 数字化供应链转型，80%的信息处理自动化。
- 业务服务化和IT轻量化，构建业务和IT一体化产品团队。

历时六个月，"ISC+"变革项目群规划了八个子项目（客户在线协同、订单结构重构与生命周期管理、共享互动式集成计划、智能运营中心、全球供应方案与可插拔供应网络、多级供应商协同、智能制造、轻量级IT架构）。通过对象数字化、过程数字化、规则数字化，打好数字化基础，不断丰富、完善数字化场景和方案。对象数字化就是在数字世界建立物理对象的数字映射，把原来离散的数据集成起来形成全要素，使我们能看到全貌。过程数字化就是实现业务活动由线下转到线上，作业过程实时在线，状态实时可视。规则数字化就是对业务规则进行结构化定义，从原来的"语文"转换为可执行的"数学"，让机器读懂并借助算法完成自动判断，减少人工干预。"ISC+"变革用三年时间，实现了供应链领域共76个对象、581条规则和主要业务过程的数字化，构建了前台、中台和底座的新架构。到了2018年年底，华为供应链领域的数字化转型基本完成。

2019年，美国将华为列入"实体清单"，华为无法采购含有美国技术的芯片和器件，因此一方面研发团队要不断进行器件替代和版本切换,另一方面供应链部门要确保对客户供应的连续性。面对百万级的产品物料清单、缺东少西的关键零部件供应、频繁切换的软硬件版本,如果还是依靠过去的供应链 IT 系统,哪怕再多人加班,也无法及时实现面向全球客户的订单齐套、生产制造和物流运输的业务连续性。正是由于我们在 2015 年开展了供应链的数字化变革,对原来非常复杂的供应链系统进行了解耦,以服务化的方式构建了新的供应链平台,才让供应体系解决了上述挑战,最终完成了这个看似不可能完成的任务。"ISC+"变革项目的投资收益,也在这一刻得到了充分的验证。

◆ ◆ ◆

回顾华为 20 多年的变革历程,正是因为有了高质量的变革规划,才能始终走在正确的方向上。面对日益复杂的外部环境和加速演进的竞争格局,我们唯有对准业务战略做好变革规划,才能通过变革不断构建起支撑业务发展的组织级能力,助力公司业务迈向下一个成功的"彼岸"。

第 4 章
变革领导力是最高领导力

CHAPTER 4 ▶

"ISC+"变革期间,埃森哲有位资深顾问跟我交流时谈道:"华为对变革的理解很深,对如何有效开展变革、会遇到哪些困难有深刻的认知。对顾问而言,在华为做咨询比在其他企业做咨询更有挑战性。"我想,华为人对变革的理解,源于从1998年开始的多年变革实践。就我的经验来看,企业变革极其复杂,做好变革规划可以确保我们做正确的事;变革管理方法会让我们正确地做事,对实现变革成功同样重要。

2017年,总部位于深圳的一家大型企业的董事长找到我,希望邀请华为帮忙做数字化转型。会间谈到了华为和他们所处的行业不同,董事长说"隔行如隔山,隔山不隔理",虽然华为变革具体的业务方案可能对其他企业参考意义不大,但大道至简,企业管理背后的规律和道理很多都是相通的,华为多年积累的变革管理经验、教训和方法,是他最看重的。

关于变革管理的方法,市面上管理大师的书籍和理论很多。我更想结合华为20多年的变革实践,以及自己参与华为变革的亲身经历,分享在企业中如何有效地管理变革,期望更多的企业能够借助变革实现商业成功。

一、变革的本质

1. 改变人的观念、意识和行为

前面我们一直在说，变革是为了达成公司战略，重整或优化管理体系，实现流程、组织和 IT 的三位一体。但**变革的内涵绝不仅仅是优化一套流程、调整一个组织或上线一个 IT 系统，它改变的是业务运作模式和决策机制，而这些都与人强相关，因此变革的本质是改变人的观念、意识和行为**。变革不是挂在墙上、长在嘴上，而是体现在行动上。

以 IPD 变革为例，IPD 建立了结构化流程、跨功能团队，实施了 PDM 系统，形成了产品开发端到端管理体系，但我们在实践中最大的体会为 IPD 变革最难的还是改变人的观念和意识、做好权力和利益的再分配。IPD 实施前，产品的上市节奏和技术路线都由研发部部长说了算。IPD 实施后，产品研发的关键点由 IPMT 集体决策，研发部部长原有的话语权、决策权被削弱了。表面上，产品决策机制的变化只是增加了市场、服务、采购、制造等其他部门主管的参与，但实质上是从研发部门埋头做出好东西向产品实现商业成功的巨大转变。

IBM 顾问在回顾 IPD 变革时，认为华为人不赞同变革有两种情况：一种是思想上没有意识到变革的重要性，也不看好变革的结果，不知道它到底能给公司带来什么价值。变革将改变他们亲手建立起来的研发组织和流程体系。这些组织和流程的设置，当初都是经过深思熟虑、反复讨论的。从 IBM 来的顾问，怎么可能比这些整天摸爬滚打的人更清楚？公司所有的钱都是大家奋斗拼搏而来的，花这么多钱在变革上，还不如把这些钱用在开发新产品上。另外一种是员工积极拥护变革，希望公司变得更好。他们实际参与之后，才发现变革会改变原来熟悉的流程和业务运作方式。以前华为的研发没有严格按流程运作，接到需求直接开发，开发之后再补文档，销售之后再补资料，基本处于"裸奔"状态。学习 PACE 之后，研发综合流程对产品开发过程中的关键节点和文档有了要求。现在要实行 IPD，会进一步套上"紧箍咒"，同时他们要花费很多时间和精力学习新流程、新标准，在产品开发过程中还要同步输出大量文档。这无疑增加了员工的工作量，对他们的当期工作绩效没有直接贡献，这时候很多人就会产生消极情绪。

任正非在 IPD 变革中一直强调"不换思想就换人"，就是看到了人的观念和意识在变革中的决定性作用，以及变革给业务运作带来的现实挑战。洞悉了变革的本质，面对变革中人的观念、意识和行为的改变，企业家和变革领导者需要掌握变革管理策略及方法。

2. 变革需要强大的领导力

我一直认为，**变革领导力是企业的最高领导力**。变革会给企业带来巨大的改变，既有理念的冲击，也有权力分配的矛盾。随着时间的推移，过去充满活力的组织逐步形成既定的利益群体，过去的成功经验渐渐固化为保守的思维定式，这些都会成为变革的障碍。为了抓住业务机会，要敢于求变，以壮士断腕的决心发起变革，迎难而上实现落地，这些都考验着企业家的变革领导力。

1999年下半年，在一次小范围的IPD变革沟通会议上，一位部门总裁对IBM顾问说："你们放心，我肯定会大力支持变革。"言下之意是有问题来找我，我会推动解决，其实还是一种被动支持的态度。IBM顾问当场没有表态，第二次会议时拿来一根绳子，放在桌子上，对这位总裁说："IPD变革就在绳子这一端，请你来支持我们吧。"绳子是软的，被动地支持和推动无法让绳子另外一端前进。**变革中需要的不是高层管理者站在后端支持和推动，而是站在绳子前端领导和牵引**。

刚过千禧年，整个通信行业遭遇IT泡沫进入"寒冬"，华为同样面临巨大的经营压力，2002年成为公司有史以来经营最差的一年。当时IPD和ISC变革正进行到紧要关头，IPD开始推行，ISC面临着新流程和IT系统上线。那时候变革面临空前的挑战，公司很多人充满怀疑，连变革核心组成员心里也直打鼓：公司还能不能支付高昂的顾问费？如果变革不做了，自己未来的前途又在哪里？

任正非看到大家的彷徨，召集大家座谈，坚定推行变革的决心："我们要坚定不移地推行IPD，这是走向大公司的必由之路，而且我们已经看见曙光了，为什么不走到底？翻过了这座山，IPD成熟后会大幅度地提高效率，我们对IPD一定要有信心！"最终在任正非的引领下，IPD变革坚持了下来，并取得了预期的成功。

克劳塞维茨在《战争论》中讲过："伟大的将军们，是在茫茫黑暗中，把自己的心拿出来点燃，用微光照亮队伍前行。"这句话同样适用于变革。很多时候，大家并没有看到未来的希望，心中有很多困惑和疑虑。领导者必须坚定地走在前面，紧紧地拉着绳子，牵引变革前行。后面的人即使在一片漆黑中也会跟着一起往前走，越走越光亮。

二、变革管理策略

IBM 曾做过"成功变革之路"的调研，发现大多数企业对变革管理的投资占总变革预算的比例非常低，不到 5%。它们仅仅把变革管理视为一种概念，意在让领导者重视变革，但并没有具体的管理活动。真正懂变革、重视变革管理的企业，会将总变革预算的 10% 甚至更高比例，投入变革管理工作中，并把它结合到变革项目的具体计划中去实施。

变革管理和企业文化、价值观等诸多因素强相关。从华为的实践来看，**顾问可以提供变革管理方法论的指导，但变革管理工作主要还是靠企业高层领导来完成**。华为在长期的变革实践中，积累了一套行之有效的变革管理策略。站在公司层面看，把握变革节奏、营造危机感、消除变革阻力、做好利益补偿、重视推行落地等变革管理策略，都是企业家在变革工作中需要关注的重点。

1. 适时启动，把握变革节奏

企业要在复杂多变的商业环境中生存，需要不断适应变化，在变革中求发展。企业想抓的机会很多，但资源和能力总是有限；企业需要启动的变革很多，但时间和精力总是不够。**企业家唯有敏锐地感知外界变化，抓住企业中的主要矛盾和矛盾的主要方面，把握好变革的节奏，适时启动变革，才能保障变革的有效性。**

2001年，中国加入WTO，美国最先要求中国开放的就是农业和信息产业。1998年，任正非在《我们向美国人民学习什么》中就已经预见，十年之内通信产业及网络技术会有一场革命。在这场革命到来的时候，华为一定要做些什么，即使抓不住牛的缰绳，也要抓住牛的尾巴，只有这样，才能成为国际大公司。而在这场革命中，如果我们打不赢，迎接我们的就只能是死亡。打赢这场革命的关键是能够开发出满足客户需求、质量好、具有价格竞争优势的产品，并生产制造出来推向市场，华为在这方面存在很大差距，这是公司当时面临的主要矛盾。基于此，华为启动了真正意义上的业务变革——IPD变革和ISC变革。

万事开头难。变革时间跨度大、影响广，必须有充分的准备，否则一开始就会埋下失败的种子。变革启动时机的把握、人员的准备、思想的"松土"、管理层的共识都非常重要，任何一方没有准备好，都会影响变革开展。

2003年IPD变革刚结束，IBM顾问建议可以继续做财经变革，但这次华为拒绝了 IBM 顾问的建议，直到 2007 年才启动 IFS 变革。任正非在 IFS 变革项目启动会上回顾道："当时（2003 年），财务在华为是一个非常弱的部门，既没有准备好充足的干部，也没有对内部环境进行充分的'松土'。如果那个时候变革的话，华为公司就会崩溃，今天也就不存在了。"事实上，从 2003 年到 2006 年，公司一直在为财经变革做准备：通过应收、应付等项目，打通销售与回款、采购与支付两个系统，改进业务的同时历练了队伍，加强了业务与财务部门的沟通协作；启动账务共享中心项目，为华为和 IBM 在财经领域的合作奠定基础。这些前奏性的准备工作，既提升了公司的财经能力，也完成了大变革前的"松土"和启动准备工作。

变革最忌匆忙行动。"四快一慢"是我军在解放战争时期形成的一种独特而有效的战术。在华为的变革工作中，我们也会借鉴"四快一慢"的策略，变革启动前的各项准备工作（如资源到位、痛点分析等）要快，而**变革的启动一定要慢，变革要上下左右做好充分论证，确保变革的必要性，并做好充分的准备，在合适的时间启动**。

2. 只有危机才能造就改变

企业家普遍具有居安思危的意识，他们能够敏锐地感知到企业面临的风险和挑战，并把"寒气"传递到每个人。任正非在华为发展好的时候，整天讲华为有很多问题，不变革就会走向灭亡。从《华为的红旗到底能打多久》《华为的冬天》到《从泥坑里爬起来的人就是圣人》，无不保持危机感，让大家感受到"冬天"的寒冷。

华为真正遇到困境，他反倒每天跟我们谈愿景、谈未来。在 2002 年华为最困难的时候，他用《我们必须用内心之火、精神之光点燃部属必胜的信念》给华为定神、给员工希望："现在我们前面没有阻挡的对手，后面没有太多的追兵，华为处在一个最佳的历史竞技状态，在这个冬天里，我们能打胜一场改变竞争格局的战斗。"2019 年，华为面临美国打压，公司内部有专家建议华为"装死"，任正非说："如果华为装死，客户就会失去信心，员工就会丧失斗志，华为就真的会死。"五年来，华为在任正非的带领下，凭着一种信念，在客户和合作伙伴的支持下，经过全体员工的努力奋斗，终于活了下来。

IBM 顾问形容高速发展时期的企业变革就像给飞驰中的汽车换轮胎，唯一成功的方式就是大家都不能坐在车上，而是积极参与其中，一起用肩膀扛着车，在奔跑中换上最好的轮胎。如果企业日子好过，公司上下就不会有改变的意愿，大家都想待在车上，留在舒适区里。即使企业家强势推动变革，也会遭遇或明或暗的抵制。当企业深陷困境面临危险的时候，比如公司收入和利润大幅减少，竞争对手推出颠覆性的新产品，大家马上就会紧张起来，充满生存的危机感。

企业家为了发起变革，常会主动营造危机，把危机作为变革的催化剂，让变革更容易进行。2014 年，我们的供应链存在很多短板，内部嘲笑"信息流还跑不过实物流"，货物的实际状态和 IT 系统里的信息对不上，账实不符的问题普遍存在，但大家默认这是普遍现象，没有人意识到这个问题给公司资金资产安全带来的风险。我们召集全球 100 多个代表处的相关主管，回到深圳参加一场别开生面的仓库大会。

账实相符项目组提前半年拍摄华为各地的仓库视频和现场照片：分包商仓库里，价值上千万美元的物料堆积如山，物料包装陈旧、遍布灰尘，许多都已不可再用，有些已经过期三四年；公司每年为这些废、旧物料继续支付高额仓储费；货物经过长途跋涉后抵达指定地点，却因合同问题无法使用，退货过程中因流程不清晰而积压在海关……

仓库大会面向全球直播，这些令人触目惊心的视频和照片，以鲜活的方式为账实相符项目营造了强烈的紧迫感，公司全体员工都意识到存货管理非常混乱，必须尽快加以解决，上下游相关人员都发自内心地认可变革的必要性，并积极投身变革。经过几年的努力，我们实现了账实相符的既定目标。

华为喜欢用鲜活的方式向主管和员工传递危机，让大家意识到变革已经刻不容缓。从 1996 年的市场部大辞职到 2000 年的研发呆死料大会，再从 2013 年颁发"从零起飞奖"到 2018 年"烧不死的鸟是凤凰"，我们通过一系列直击人心的重大活动，把公司存在的问题鲜明地暴露出来，让大家理解公司已经面临严重的危机，大家才能从骄傲自满中警醒，直面问题和挑战。公司高层管理者只有点燃变革的着火点，每个员工才不会像看客一样指指点点，而是投身于变革的滚滚洪流之中。

3. 有策略地消除变革阻力

变革不可能一帆风顺，我们要切实地认识到变革一定会遇到各种阻力，我们要正视它、承认它。如果我们不能设身处地地从变革相关人的角度去看待变革给他们带来的影响，就无法真正理解和认识到阻力的存在。**消除变革阻力不是利用行政手段强压，而是有策略地消除它。**

（1）拉长变革周期

拉长变革周期，降低变革影响，有助于减少变革阻力。变革会涉及责任、权力等的再分配，给流程、组织、IT 等方面带来重大改变。如果我们追求速度，把这些改变在较短时间内实施，实施的强度会很大，带来的影响就很大，可能面临较大的阻力，甚至导致企业内部产生更大的冲突，反倒事与愿违，不能达到变革的效果。如果我们把变革的周期拉长，变革影响会在较长的时间内逐步释放，强度就会降低，带来的影响会变小，阻力也随之变小。

华为公司级变革的实施周期都很长，就是为了让大家逐步接受变革，以减少变革阻力。IPD 和 ISC 变革项目各做了四年，IFS 变革项目做了八年，LTC 变革项目做了八年，ISDP 变革项目做了四年，"ISC+"变革项目做了三年，又固化了两年。实践表明这种方式是有效的。**慢就是快，要把变革时间拉长，有十年磨一剑的耐性，给大家足够的时间去接受和改变。**

对于变革项目成果的输出，领导层要有充足的耐心，给项目组留足够的时间去设计高质量的变革方案。IFS 变革早期，任正非非常重视，要求项目组每两个月向他和几十人的管理团队汇报一次变革进展，每次汇报之后，都输出会议纪要，以公司文件发出。这种高举高打的方式确实很快在公司范围内坚定了 IFS 变革的决心，起到了很好的"松土"效果，但同时导致项目工作围绕着汇报展开，没有足够的时间深入业务痛点，设计变革方案。2008 年 2 月，我向任总提议暂停汇报，让项目组踏踏实实做好方案。后来，项目组全体人员沉下心来，用 9 个月的时间去攻坚业务难题、明确改进方向、细化变革方案，12 月向公司汇报后，获得了 EMT 的高度认可，由此拉开了 IFS 变革推行的序幕，大家对 IFS 变革充满信心。

（2）长、短期收益结合

变革项目轰轰烈烈地开展，这时候大家往往热血沸腾，对项目寄予期望，希望看到实质性的成果。变革过程是漫长的，不仅需要与利益关系人反复沟通，达成共识，还需要优化流程、开发新的 IT 系统。在变革推进过程中如果长期没有输出，几年都看不到进展和收益，大家就会怀疑项目的可行性，这时员工、主管会感到失望和沮丧，开始反对并抵制变革。变革管理学者约翰·科特认为，变革需要不断取得阶段性成果，如果一个变革项目在六个月内拿不出任何成果，人们的信心就会大打折扣。

华为在变革项目规划中特别注意识别不同变革举措的优先级和节奏，让容易出成果的工作和攻坚性的工作互相搭配，有序开展。我们会设置一些短期目标，过几个月就能有一个阶段性的胜利，充分展示项目的可行性和价值。通过不断取得一个又一个胜利，以积小胜为大胜的方式来激发项目组内外的变革热情，保持对变革的信心和支持。

我们会针对业务痛点，急用先行，设计一批速赢

（Quickwins）项目。比如在 LTC 变革项目中，为了提高销售项目运作规范，变革项目组快速开发了一套用 Excel 电子表格做的小工具，包括一张项目运作检查表、一个机会点甄别工具和一份价值主张方法论模板。一线原来验证线索是否可以立项都是靠感觉，用上小工具后发现这些方法更加科学、有效，就会更加支持变革。在大的变革工作开展过程中"沿途下蛋"，让业务人员看到变革带来的收益而更加积极支持变革，项目组也会更加坚定深入开展变革的信念。

（3）愿景牵引，达成共识

在变革中，业务部门经常不理解变革的意义和价值，因此产生多种阻力。在 IFS 变革初期，业务部门对变革不理解，认为这是财经部门的事，导致关键项目推进面临多项挑战。我给 IFS 变革项目群经理苏宝华分享了约翰·科特关于变革失败的一篇文章，当讨论到最后一个根本原因"内外部人员对变革理解不一致"时，我问他 IFS 变革的愿景是什么，他说是"确保数据准确，有效管理业务"。我认为这个愿景没有感召力，于是启发他："IPD 变革的愿景是华为从偶然到持续推出高质量的产品，IFS-BC&IA[①] 项目的愿景是在任总主

[①] BC&IA：Business Control and Internal Audit 的缩写，意为业务控制与内部审计。

持和 IBM 顾问的指导下构建华为的风险管理体系。IFS 变革共 21 个子项目，仅凭这 12 个字，怎么能让全公司感受到变革的价值？"

接下来，IFS 变革项目群核心团队封闭讨论了一天，确定了每个子项目的愿景，最后提炼形成了 IFS 变革愿景："准确确认收入、加速现金流入、项目损益可见、经营风险可控。"2009 年 3 月，当项目组到德国、埃及、印尼代表处推行方案时，代表处的人问 IFS 变革是做啥的，项目组向一线人员详细介绍了这 24 个字，代表处的人认为这正是一线需要的，欢迎项目组帮助代表处解决问题，由此 IFS 变革落地有了很好的"土壤"。换个角度来看，IBM 顾问定的 12 个字变革愿景其实是在打磨精美的"石头"，后来定的变革愿景才描述出 IFS 变革的"教堂"。

(4) 不换思想就换人

任何变革，都会有人不理解、不认同，进行消极抵制。有的人坚守原来的惯性思维和行为方式，不想尝试、不愿改变。有的主管表面认同，实际抵制。对于已经决定实施的变革，他们故意拖延不去落实，结果导致问题越来越复杂，企业需要付出更高的代价来补救。

"温言在口，大棒在手。"我们重视变革中的"松土"、沟通、宣传和培训工作，让大家深刻理解变革的意义和重要性。领导者呼唤大家积极参与变革工作，甚至会给变革利益相关人留出足够的时间等待他们接受和转变。如果确实有部分人员思想转变不过来，完全不认同变革，甚至消极抵制，我们会坚决地"不换思想就换人"，不会让个别人阻碍了整个变革的进程。

任正非在 IPD 动员大会上就明确提出，要坚决打击一知半解的标新立异者，那些没有充分理解 IPD 就着急改东改西的人，那是在出风头，要被请出去。坚决清除不思进取的惰怠者；长期不能理解 IPD 改革内涵的人，要请他们出去；那些爱学习的，让他们进到项目组中来。

（5）倾听声音，管理期望

变革要对准作战，支撑业务成功，变革的方向和目标要坚定不移，不能妥协，但实现目标的过程是可以调整的。没有完美的变革方案，我们要充分尊重业务主管和一线人员的意见。华为所有的**变革项目都会建立沟通通道，一方面传递变革的目的和方案，一方面倾听不同的声音，促进方案的完善**。

LTC 变革中项目组开发了 iSales 系统，用于支撑销售业务运作，但大家对 iSales 系统意见很大，推行中遇到了很大的阻力。一方面，因为 iSales 系统中用于业务管理的成分偏重了，缺乏对一线作战的有效支持，流程中厚重的管控要求进一步放大了负面效果。另一方面，销售人员很多都是在线下跟人打交道，拿到线上无疑增加了录入的工作量和信息的透明度。以前一线销售不会告诉机关100%真实的信息，还会经常"讲故事"以获得更多的授权和资源。现在有了系统，战场透明度提升，必然压缩了一线销售和机关的博弈空间。在推行iSales的过程中，一线销售队伍怨声载道。

LTC变革项目组在公司内部的心声社区发布了20多期交流帖，既让大家理解变革的目的，也真诚邀请大家提出改进意见。慢慢地，大家从站在变革对立面的批评者，转变为融入变革中的积极贡献者，iSales系统也逐步从管控平台转变为销售作战数字化平台。

4. 做好变革利益补偿

我早年在做计划体系设计的时候就有一个深刻的体会：任何变革，不会让所有人都受益。我经常讲贴条码的故事：20世纪90年代初，华为上线条码系统，那时供应商是没条码的，他们送货过来，需要我们自己贴条码。大家都知道条码对货品的可追踪、可管理有好处，但入库检验部门坚决抵制。因为其他部门都是用条码的，是条码系统的受益者，入库检验部门是唯一需要贴条码的，条码系统上线给他们带来了额外的工作。为了让条码系统上线工作顺利进行下去，我给入库检验部门增加了人力编制。在变革推进中，我们不能只从公司整体收益角度谈变革，还要真正关注变革方案实施所带来的实际问题。如果问题不解决，做再多的动员"松土"都是无效的。

变革中不是所有的投入和产出都是正相关的，特别是跨领域、跨部门的变革，很可能是一个部门投入，另一些部门受益；也有可能变革带来运作模式的变化，导致有的部门利益受损。这时，只有对利益受损者做好利益补偿，才能减少变革推行中的阻力。

有同事讲过另一个关于变革利益补偿的故事：欧洲某代表处每年有 6 万 PO[①] 需要处理，急需 PO 自动化。很多人认为 PO 专员会是坚定的反对者，但结果特别戏剧化，PO 专员非常支持自动化，而本该最支持的产品经理竟然强烈反对。PO 专员大多为留学生，他们早就厌倦了这种重复性的工作。PO 自动化会大量减少反复确认、数据导入和导出的工作，PO 专员将承担更有价值的工作。产品经理的工作很杂，原来有大量 PO 相关的产品配置工作。代表处为了减轻产品经理的负担，给他们安排了产品配置助理，顺便帮产品经理做了很多杂务。PO 自动化后产品配置自动生成，对产品配置助

---

① PO：Purchase Order 的缩写，意为采购订单。

理也进行了整合。产品经理少了助手，自然持反对意见。为此我们专门设置了行政作业岛，帮助他们集中处理酒店、机票预订和报销这类杂务，解决实际问题，减少了产品经理的抵触。

变革会改变原有业务模式，对人员和技能提出新的要求，业务部门常因投入变革而使当期业务绩效受影响，或因为业务运作模式改变带来利益转移。如果变革领导者满脑子想的是变革的大方向和大问题，就很难发现变革真正动了谁的奶酪。变革领导者得把一部分注意力投向这个方面，不是想象，而是"两手沾泥"，在实际工作中识别利益受损者，才能做好利益补偿。

变革会带来人员工作岗位和职位的变化，变革领导者要保障被变革影响人员的既得利益，消除大家对变革的抵触。首先，尽量不动他们已有的物质利益。主管或员工的工作岗位变了，工资和奖金可能会有所调整，但长期激励保持不变，同时为他们提供新的工作机会。其次，对于变革带来的新增收益，尽可能多地和大家一起分享，减少变革利益相关人的抵触。

变革领导者手中要有一定的预算，并建立补偿机制。变革不会让所有人受益，要对受损者给予一定的补偿。变革效果不会立竿见影，要补贴"位移"。比如前面讲的条码系统上线问题，解决办法就是在前端加人。在华为多年的变革实践中，ESC一直有一笔预算，用补偿机制解决变革利益受损问题，减少变革阻力，这也是ESC能够在华为变革中发挥作用的重要保障机制之一。

5. 重视试点、推行和固化

变革按项目形式来开展，具有一定的周期性，但变革工作并不是项目热热闹闹做完就结束了。变革领导者要关注变革落地，巩固变革的成果。

IPD变革先在两个项目进行试点，等大家从心里认可后再进一步扩大试点范围到30%，一点一点推进，最后才全面推广。可以说IPD的推行过程非常慢，这样大家逐步接受了新的变革理念，一点一点用行动去落地变革成果。

IFS变革将多个方案打包集成去推行。先选择德国、埃及、印尼三个代表处进行试点，一方面讲清楚了变革的价值，同时形成了"三阶十六步"的推行方法。其他代表处一看，变革确实带来了效益提升，也会积极欢迎变革。从"要人家变革"到"人家要变革"，效果肯定是不一样的。**变革不要求大家齐步走，鼓励先进，也允许落后**。我们要做的是让先变革的人有糖吃，给予他们适当的鼓励，这其实就起到了示范效应，等待大家慢慢跟上。我们用三年的时间，完成了"从机会点到回款"相关方案在全球所有代表处的落地。

变革早期的胜利只是一个开端，过早宣布变革成功很可能导致失败。我跟很多企业家交流，他们会谈一种现象：企业变革早期有领导关注、推进，效果很好，等开了庆功会，变革的声音慢慢变小，最后很多又打回原形了。华为也有这方面的教训，我们在一个大代表处做了变革成果落地，经营改善非常明显，等变革项目组离开之后，变革成果逐步弱化，代表处又一点一点出现了业务下滑。

巩固变革成果，防止"回潮"，是变革的一个巨大挑战。变革一定要通过流程、IT去固化。业务在新的IT系统上跑起来了，上面承载的流程、关键节点就都固定下来了。另外，我们很重要的经验就是在组织和关键人员上加以保障。我们把部分变革骨干人员留在业务部门作为"守城部队"，把高潜质人员直接任命为该部门的质量运营部部长。他们是变革的拥护者，坚定地执行变革方案，通过在日常运作中持续"布道"，让业务人员更加理解变革的意义并快速跟上。业务按新的流程规范执行起来，"根据地"也就守住了。**打下一座县城，留下一任县长**，既防止变革"回潮"，又在持续的运营中创造收益。

IPD变革项目关闭后，项目组人员一分为三：一部分人员组建为IPD流程优化管理部，继续做IPD管理体系的优化；

一部分人员担任各产品线质量运营部部长，职责就是在本产品线推行 IPD，这样就从组织上保障了 IPD 管理体系的优化和变革成果的夯实；还有一部分人员得到提拔，奔赴更重要的管理岗位。

"ISC+"项目三年建设期结束后，在供应链管理部下设数字化使能部，项目经理担任部长，多数项目成员转入该部门，继续看护"ISC+"的变革成果。变革在代表处的推行也遵循了同样的原则，IFS 和 LTC 变革推行组在完成推行工作后，留下骨干转入地区部或代表处总裁办工作，继续承担变革的夯实责任，确保变革持续落地。

三、变革管理方法

1. 变革项目管理

华为的变革以项目的方式来开展，我们结合变革项目的特点，将通用项目管理方法引入变革工作中，让变革始终对准战略解决问题，为业务创造价值。站在企业家和变革领导者的视角，变革投资管理、变革价值定义和评估、顾问选择和使用、解决冲突和争议等需要特别关注。

（1）变革投资管理

变革不仅需要企业进行巨大的投入，变革期间还可能带来短期的经营下滑和效率降低。华为将变革作为一项投资，构建了变革投资收益的闭环管理机制。

变革投资的基本原则是"谁收益，谁买单，鼓励公私合营"。 华为变革投资有两种来源：一种是公司级的、自上而下规划的重大变革项目，这种变革投资由公司出钱，称为空载，目的是牵引变革方向，简化管理，不因变革投入而影响相关部门的积极性。比如数据湖、数据治理是所有领域都会用到的，这个项目就由 ESC 投资。另一种是单领域的变革项目，需要业务部门出钱。变革费用核算进本领域的财务报表，业务部门会更加重视变革投资收益。比如运营商 BG 做的销售数字化，是对准直销的销售体系而开展的数字化转型，就由运营商 BG 规划并承担变革费用。如果涉及多个业务领域，就由公司与涉及业务领域共同投资。

变革项目投资在一段时间内的金额较大，如果一次性进入某个部门的年度财务报表，可能会对这个部门的经营结果和费用管理带来浪涌式的冲击。为此，华为建立了救助机制，负责变革的业务部门可以在立项时申请逐年将变革投资计入该部门经营报表中。这样可以将变革当下投资的周期，与未来取得收益的周期进行有效协同。

无论是集团空载还是领域自投，变革预算都需要 ESC 按年度进行统一审视和批准，确保整个公司的变革投资与变革规划相一致。从公司整体角度出发，ESC 对变革投资进行优先级排序，既不能一哄而上给业务带来混乱，也不能像撒胡椒面一样盲目投资而分散了力量。

如何衡量变革投资带来的收益？有效的方法是将变革投资收益在后续的年度预算中体现。例如公司对制造业务做了一笔变革投资，制造部在后面几年制定年度预算时都要考虑这笔变革投资带来的收益。假设变革带来的收益使单位制造成本每年降低 10%，在制造部申请年度预算时，公司会在原来的预算基础上，将单位制造成本降低的 10% 考虑进去，压缩制造成本预算，以此来倒逼变革投资的闭环。

(2) 变革价值定义和评估

前面介绍的"变革投资管理"是公司整体层面的变革投资管理机制。具体到某个变革项目，**在立项之初就会定义项目的目标价值和变革收益，在项目关闭时要对变革项目进行验收，对变革价值和收益进行评估闭环。**

我在不少企业听到这种说法："变革都是大佬发起的，他说成功就成功，反正变革收益也无法衡量。"华为以前也有类似的困惑：变革项目组过度关注价值的包装与呈现，忽略了业务使用者的真实需求和意见，使用者痛苦的声音被以各种理由漠视或者压制了，甚至有"公司变革没有不成功"的无奈调侃。

我们强调"优生"，"优生大于优育"，变革价值创造要从源头抓起。在实操层面，最重要的就是抓好一个高质量的变革项目的立项，在立项之初就明确变革项目的价值。任何变革项目的立项，必须由业务部门发起，满足业务需求，匹配业务痛点。

我们请公司顾问黄卫伟帮忙设计了 TAM[①]，从结果、能力、管理体系三个方面全面评估变革项目收益（包括有形收益和无形收益），牵引对管理进步程度的度量。

● 结果指标：包括规模、盈利和现金流，如收入/订货增长率、存货资金占用率等。客户满意度通常用第三方的客户满意度调查结果作为衡量指标。

● 能力指标：包括质量、速度、成本/效率，如硬件从订单到发货准备时长为1周、成品出库时长为1天、交付成本率等。还有风险类指标，如中心仓账实一致、供应中心账实一致、服务备件账实一致等。

● 管理体系：对变革能力进行度量，用业务流程成熟度

[①] TAM：Transformation Achievement Measurement 的缩写，意为变革绩效度量模型。

来表达。如 IPD 成熟度做到 3.5 分。

变革方案不是一套培训材料，要在实际业务中用起来，才能够实现价值。华为所有的变革方案都要得到业务部门的评审后才允许试点、推行，最终变革项目的验收、价值评估等工作也必须由业务部门完成。

（3）顾问选择和使用

2008 年 2 月，我在公司举办的答谢 IBM 顾问的晚宴上，给大家分享了华为为什么选择 IBM："IBM 不仅有咨询理论和资料库，更重要的，它还是一家成功运营的公司。它既能像其他咨询顾问一样提供翔实、周到的设计，还有很多经验丰富的专家顾问帮助华为实现落地。"这段话道出了华为选择顾问的基本思路。我们希望顾问能实实在在地帮助华为解决问题，而不是几轮访谈过后，为公司留下一堆漂亮的汇报材料。

华为在 20 多年的变革中，选择顾问公司的思路没有太大的变化，**总体上倾向于寻找领域内专业且有实际运营经验的顾问公司**。有个别项目选择了"只输出报告而不能落地"的咨询公司，公司从上到下都感到不适应，变革落地中也会出现各种问题。

在对 **IBM 顾问人员的选择上，华为始终坚持"咨询顾问 + 业务专家"的组合策略**。咨询顾问大多毕业于名校管理专业，他们思路清晰、总结归纳能力强、输出交付件很快，但是不了解 IBM 的实际业务运作。业务专家是在 IBM 真正从事某一领域多年的专业人才，他们深刻理解 IBM 的最佳实践、业务痛点和经验教训，这类业务专家型的顾问一直是华为和 IBM 合作中苦苦寻求的关键资源。IPD 变革进行到关键阶段，变革进入"深水区"，出现了很多深层次的问题，不是仅仅了解 IPD 方法论和模型的顾问就能解决的。我们通过高层协调，花费巨资聘请了 IBM 当年从事 IPD 变革的多位专家，如 Lew Kimmel 和 Chris Fickenscher（克里斯·菲肯舍尔），他们手把手辅导我们试点 PDT 运作，引导 IRB 和 IPMT 有效决策，使 IPD 变革不是输出一堆文档（Paperwork），而是最终在华为成功落地了。在 IFS 变革期间，我们继续坚持"咨询顾问＋业务专家"的组合策略，John Frederick Bould（约翰·弗雷德里克·博尔德）、William Lee（李维建）、Dennis Byrne（丹尼斯·伯恩）、Dennis Haywood（丹尼斯·海伍德）等 IBM 资深业务专家来到华为，指导变革方案设计，辅导 CSO 组织和 CFO、项目财务经理等角色运作起来，华为财经变革项目组学到了 IBM 数十年财经管理的真谛，最终实现了 IFS 变革的目标。

在变革项目合作过程中，华为将顾问视为老师，而不是签合同做生意。我们一直把顾问奉为上宾，为顾问的工作和生活提供尽可能多的便利，让顾问安心工作。1998年，IBM顾问从中国香港和美国来到华为，很难适应深圳当时的环境，华为每周安排车辆接送他们回香港过周末，在办公区设置咖啡间，开通国际长途电话，配备专用会议室，按需改造卫生间，将景观最好的办公室给顾问使用……这些今天看来很正常，在当年都属于"奢侈品"。华为在顾问提出需求后，立刻想方设法落实。这些细节充分体现了我们对老师的尊重和对管理真知灼见的渴望。我们虔诚地对待顾问，也得到了真心的回报，很多顾问掏心窝子帮助华为，甚至当成自己的事业来做。

怎么向顾问学习？这也是很多企业关心的问题。任正非对IBM顾问提出了"授人以渔"的要求。华为请顾问来绝对不仅仅是为了接收咨询成果，不是顾问一走，我们什么都不知道了；而是项目组要通过和顾问的朝夕相处，掌握全部变革理念和方法，并具有自我优化的能力。每个变革项目，华为都投入大量人力，大家如饥似渴地向顾问学习，先是深刻理解，然后在顾问指导下结合华为业务实际设计变革方案，在项目交付过程中实现技能转移。可以说，每项变革成果，都是业界最佳实践与华为业务实际相融合的结果，这也是华为变革能够取得成功的关键。

(4) 解决冲突和争议

变革项目之间存在着大量冲突和争议，既有项目方案、业务部门职责定位的冲突和争议，也有不同项目关联关系的冲突和争议。从纯专业的角度来分析，可能这些冲突和争议的解决方法是比较清晰的；但综合考虑业务定位、组织职责、权力边界时，这些冲突和争议就变得很难决断。面对不同部门为了各自利益争吵，大多数时候并没有非白即黑的答案，而是进退两难、各有利弊的艰难取舍。

我们在处理变革冲突和争议时，总体原则是**变革方向和目标要坚定不移，不能妥协，但实现变革的节奏、路径和具体方案是可以有多种选择的**。在解决冲突和争议的过程中，要从公司整体利益出发，做好沟通和协同，充分地开放，尊重业务主管和专家的意见是明智之举，必要的时候要做一些妥协。

以 IFS 变革项目和 LTC 变革项目为例。IFS 变革项目在 2008 年已经开始进行详细方案设计，为了改善合同开票及回款、加速现金流入，对合同条款、合同评审等方面有很多诉求。那时 LTC 变革项目还在高阶设计阶段，没有合同条款、合同评审内容的输出。IFS 变革项目组为了向前推进，在 IBM 顾问的指导下给出了销售阶段的业务设计，触碰到了 LTC 变革项目范围，引发了两个项目组之间的争执和分歧，开了很多次会议仍然无法解决。ESC 最终决策：IFS 变革项目输出的销售改进建议经 LTC 变革项目确认后作为 1.0，IFS 变革项目基于此进行方案设计及推行；LTC 变革项目未来输出的系统性方案作为 2.0，到时候 IFS 变革项目同步优化财经变革方案。这样既遵循了销售和财经之间的业务边界，又确保 IFS 变革项目成果可以尽早推行见收益。

2. 变革中"人"的管理

在从"此岸"到"彼岸"的变革过程中，企业要解决好四种差距：流程差距、技术差距、组织差距和人的差距。与流程和技术的差距相比，人的因素是内因，更难解决，与人相关的问题往往是决定变革成败的关键因素。

变革会带来全新的流程、组织和 IT 系统，这些都可能给主管和员工带来不适应，包括影响力和权威性的改变、对现有工作岗位的威胁、社会地位的丧失、沟通方式的改变、原有专长变得过时、需要学习新技能等。这些不确定性会发生在每个人身上，让大家对变革充满困惑和疑虑。麦肯锡 2015 年有一份报告，分析企业变革失败的原因，发现超过 60% 的原因都与人相关，比如员工的抵制、赞助人支持力度不足等。[①]

---

① 数据来源于麦肯锡报告 *War and Peace in the Boardroom*（《会议室里的战争与和平》）。

IBM顾问指导华为建立了图4-1所示变革管理框架，用结构化的方法来解决变革中关于"人"的问题。这张图看上去像一艘船的平面图，华为将其称为"船模型"，模型共包括八个要素，用于系统指导变革中"人"的管理工作。

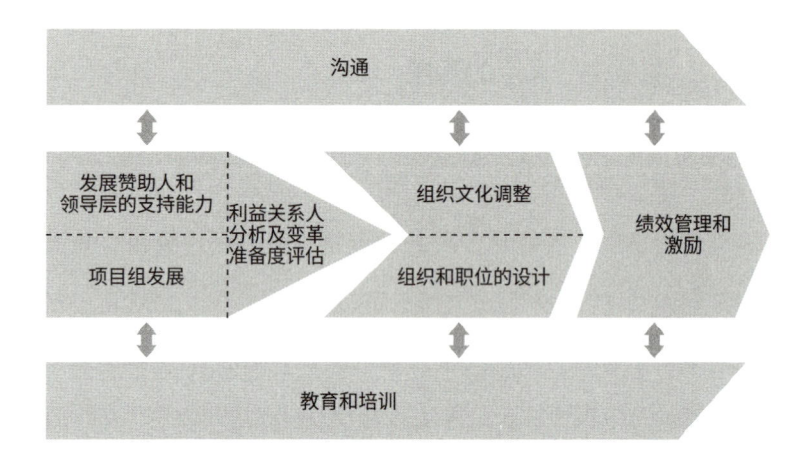

图4-1 变革中"人"的管理框架

（1）发展赞助人和领导层的支持能力

企业家本人一定要是变革坚定的倡导者，利用各种时机传递变革的坚强决心，让所有人都意识到公司最高层领导重视这件事，亲自在推动这件事。但要想在企业中成功地开展变革，只靠公司最高领导一人是远远不够的。

20多年来，为了确保变革的顺利进行，华为为每个变革项目都正式任命一位赞助人，并组建由赞助人担任组长的变革项目领导组。不是谁都可以做变革项目赞助人，**只有那些与变革范围强相关，有影响力，认同变革方向，掌握开放、妥协与灰度思想的企业高层管理者才适合担任**。变革项目领导组其他成员是与该变革项目强相关部门的高层领导。

华为重大变革项目的赞助人历来都由业务部门一把手担任：IPD变革项目的赞助人是研发总裁，IFS变革项目的赞助人是财经委员会主任，"ISC+"变革项目的赞助人是首席供应官，运营商业务数字化转型项目的赞助人是运营商BG总裁。之所以**让业务部门一把手来领导变革，就是为了强调变革的责任主体是业务部门，避免把业务和变革搞成两张皮**。业务人员知道痛点，变革对准了业务痛点，有利于实现变革价值。

变革不同于日常的业务运作，确定了领导组，顾问和变革项目办公室还要评估他们是否具备领导变革的能力，如果在某些方面能力不足，顾问要为领导组赋能，让他们具备领导变革的能力。

(2) 项目组发展

变革项目领导组是高层领导团队，变革项目组是执行团队，其中项目经理和核心成员的选择非常重要。丰富的业务经验、良好的沟通技能、坚韧不拔、善于团结人是变革项目经理最基本的选拔标准。

在 IPD 和 ISC 变革期间，IBM 顾问提出项目核心成员的选拔模型，华为推荐候选人名单，由 IBM 顾问进行面试，决定是否可以加入变革项目组。后来到了 IFS 和 LTC 变革时，华为已经积累了选拔变革人才的经验，就由变革项目领导组负责选拔项目经理和核心成员。

大家从不同部门加入一个变革项目组，他们中的大多数之前互相都不熟悉，项目经理要尽早进行项目组团队建设，让项目组成员、顾问之间增进了解，尽快形成团队合力，共同负责项目的具体工作。

（3）利益关系人管理

利益关系人是指受变革影响、有能力影响变革的个人或群体。我们从变革意愿和变革能力两个维度，将利益关系人分为图 4-2 所示四类：积极响应者（有意愿有能力）、跟随者（有意愿无能力）、消极反对者（无意愿无能力）、积极反对者（无意愿有能力）。

针对不同类型的利益关系人，我们采取不同的管理策略，从而扩大变革同盟。对于积极响应者，鼓励他们深入变革，加大对他们的授权，让他们有力量去影响他人，推进变革。对于跟随者，有针对性地做好沟通和培训，让他们具备变革的能力，转变为积极响应者。对于消极反对者，通过沟

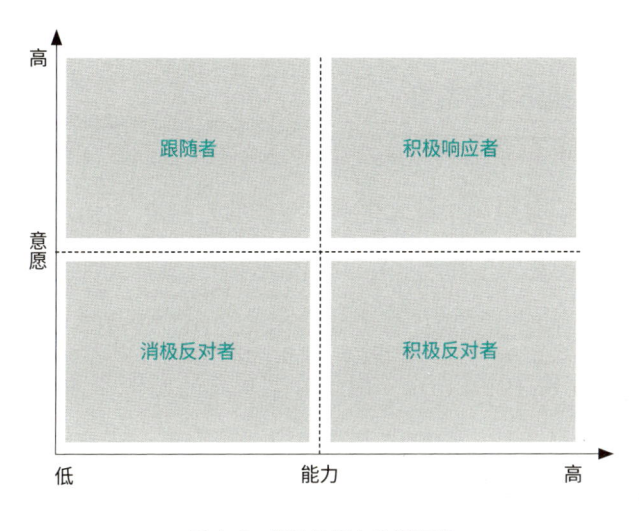

图 4-2 利益关系人分析方法

（纵轴：意愿，低到高；横轴：能力，低到高。四象限分别为：左上"跟随者"、右上"积极响应者"、左下"消极反对者"、右下"积极反对者"）

通和培训，减少他们对变革的疑虑，提升意愿度和能力。最难应对的是积极反对者，他们有能力但无意愿，是变革的抵制者和反对者，我们要做好迎接挑战的准备，做好动员和谈判。变革项目组通过对利益关系人进行分析，评估开展变革的准备度，并积极管理好利益关系人。

随着变革的推进，即使是同一个利益关系人，状态也会发生改变。我们期望跟随者、消极反对者、积极反对者最终都能够成为积极响应者，从对变革的观望和抵制中走出来，以饱满的热情投身于变革工作。变革项目组要做好利益关系人管理计划并持续跟踪，这一工作要贯穿始终，不能用一成不变的眼光看待利益关系人在变革中的表现。

(4) 组织文化调整

变革会给企业的组织文化带来转变，我们要深刻地认识到这一点，并**引导企业文化朝着变革的方向走**。IPD 变革前，华为是典型的功能型组织、功能型文化，每个人都只向一个上级汇报工作、听取任务安排和指导。IPD 变革带来了跨功能团队 IRB/IPMT/PDT，组织阵型从功能型转变为矩阵型。这时每位员工除了原来的功能部门主管之外，还有一位矩阵结构中的业务主管。员工的工作方式从单一维度汇报沟通变成了矩阵式的二维汇报沟通，绩效目标制定、绩效评价、激励等因此受到影响，需要适当调整，以便与变革相匹配。

华为的做法是由业务主管和功能部门主管共同制定一份员工的 PBC，一起和员工沟通绩效目标和工作要求。绩效评价时，业务主管反馈员工在项目组中的绩效情况，功能部门主管给出评价意见，两位主管一起和员工沟通，辅导员工成长。通过这些配套制度的建设，使组织文化逐渐由功能型转向矩阵型。

(5) 组织和职位的设计

变革方案中会涉及新组织的设立和已有组织的优化调整。在 IPD 变革中，沿着 IPD 流程梳理组织，发现中间试验部在流程中没有对应的角色职责，于是撤销了中间试验部，将人员分流到研发部和制造部。IPD 流程强调市场需求驱动，我们设立了 Marketing 组织，由其负责承接 IPD 流程中的营销代表职责。IFS 变革为了实现合同解析、交付触发开票等职责，成立了 CSO 组织。为了加强对地区部／代表处 CFO 的指导和管理，成立了区域财经管理部。

除了组织之外，还涉及大量的职位职责调整，IPD 流程中的 PDT 经理、LTC 流程中的 CC3、财经流程中的项目财务经理等，都是伴随着变革而产生的新职位，承担着流程赋予的新职责。做好这些人员的选拔、培训、赋能、激励，可以更好地保障变革成功落地。

(6) 绩效管理和激励

员工总是会去做被组织鼓励的行为，这根植于人的本性。绩效管理和激励会牵引员工行为，对促进变革成功至关重要。我们总体的导向是**激励拥抱变革的行为，惩罚抵制变革的行为**。

华为对变革的激励包含物质激励和非物质激励两部分。对参与变革工作的项目核心成员，在人力资源政策上适当倾斜，在绩效评价、奖金、调薪上拉通评议，甚至对参与变革人员的绩效考评给予一定的倾斜，让这些离开业务参加变革的业务人员不吃亏。我们每年都会设置变革专项奖，对变革项目组、业务部门和变革利益关系人进行多种方式的激励。

华为特别关注变革推行、持续运营阶段的激励，确保在较长时间里，大家能保持变革热情，促进变革落地。

高层关怀也是常用的激励方式，高层领导经常深入变革项目中，和项目组一起座谈、聚餐、合影等，这些会极大地增强变革团队的使命感，激发大家的变革信心。2009年2月，IFS变革进入攻坚期，任正非与变革项目组全体人员进行了两个多小时的座谈，并与每位员工合影留念。大家都很受鼓舞，部分员工甚至将照片寄回老家与父母一起分享。

(7) 沟通

变革的本质是改变人的观念、意识和行为，通过沟通让利益关系人理解变革、拥抱变革至关重要。IBM资深顾问Stas Tarchalski（斯塔斯·塔查尔斯基）说过的话让我印象深刻："在变革工作上，怎么做沟通都不过分。"**我们把沟通工作贯穿于变革始终，把变革的理念和方案持续不断地传递到所有利益关系人的头脑中**，影响他们的观念、意识和行为，让他们积极拥抱变革，减少变革阻力。

IBM顾问Pearl Wong（黄宝珍）告诉我们，在变革的不同阶段，沟通要体现不同的主题。项目刚开始时，要和大家传递变革的必要性。IPD、ISC和IFS等重大变革项目，任正非都召开了变革启动会，进行讲话和动员，传达变革的重要性，坚定变革的决心。随着变革方案的逐步输出，变革项目组要和大家反复讲变革对一线、对员工个人意味着什么，要做什么转变。在变革的试点阶段，要让大家意识到新方案虽然带来了不适应，但只要大家坚持下去，就会迎来曙光。在落地和运营阶段，找典型、树标杆，让所有利益关系人看到公司对变革的激励，鼓舞更多人投身于变革。

在变革中，正式沟通和非正式沟通要双管齐下：正式沟通可以阻止谣言传播，消除小道消息带来的负面影响；非正式沟通可以"润物细无声"，让员工广泛参与，鼓励不同岗位的人员之间积极对话，让观望者和反对者改变对变革的态度。

变革项目的正式沟通工作要例行化，项目组周例会、领导组月度例会、ESC双月会议等要雷打不动地开展，项目周报、月度进展报告、年度总结报告要例行发送给变革相关人，让大家了解变革的进展和取得的成绩，对困难和挑战有一定的预期。

每个变革项目都会建立有效的宣传渠道，定期发布变革专刊，印刷案例集或者在《管理优化报》上发表文章。现在的沟通方式更加丰富，通过社区运营，变革项目组不仅可以共享变革的文档、资料，还可以设计各种活动，吸引员工参与投票、拍砖、解题和投稿等。供应链数字化社区现在还保持每月2万左右的访问量，大家参与得越多，对变革的接受度就越高。

(8) 教育和培训

沟通让变革利益关系人更加了解变革，教育和培训则是有针对性地提升利益关系人的能力，让他们掌握新的技能和方法，确保变革的有效落地。

IPD 变革第一阶段成果汇报给公司后，任正非要求印刷 5000 本，由每个部门总裁给部门骨干员工集体培训。高层领导亲自授课，掀起了学习 IPD 的热潮，起到了非常好的引导和示范作用。基于成年人的特点，我们有针对性地设计了演练式的培训课程。"大变革必有大课程"，IPD Dry Run[①] 课程用三天时间完整地跑完 IPD 流程，学员们分别扮演 IPMT 和 PDT 成员，根据流程角色要求进入场景化、实战式的培训，系统理解 IPD 的理念、流程要求，熟悉模板和操作指导书。

IFS 变革期间，项目组开发了"CFO 介入项目全流程运作"课程，用三天时间模拟一个重大项目从机会点引导、合同签订、交付履行到开票回款的全过程，让 CFO 和项目财务人员快速建立起对业务全场景的认知，更好地掌握 IFS 变革成果。在 IFS 变革期间，变革项目组对公司管理层、业务人

[①] Dry Run：直译为干跑。实际上是基于过去的一个典型案例，组织流程中涉及的所有角色，在会议室里按新设计的流程跑一遍，从而发现流程和模板设计中存在的问题。

员、财经人员进行了超过 1000 场的培训。

3. 变革管理流程

变革管理流程涵盖变革规划、执行和运营管理等变革项目的全过程，分为八个阶段、七个领域，专业化地指导变革项目开展，如图 4-3 所示。

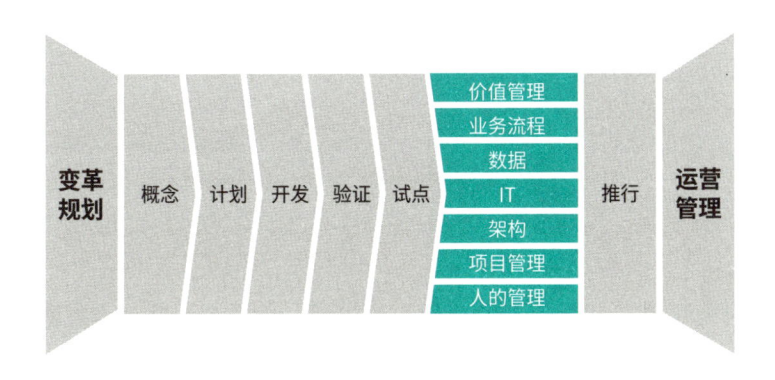

图 4-3 华为变革管理流程

七个领域承载了变革的内容，在前文已经有了比较详细的描述。下面简要介绍变革管理流程的八个阶段。

● 变革规划阶段：承接公司级变革规划的输出，细化变革项目的目标、范围、计划、交付件、预算等具体内容，支撑变革项目的正式启动。

●概念阶段：变革项目正式立项后，组建项目团队、建立项目管理机制、明确变革需求、输出高阶变革方案，并进行变革"松土"。

●计划阶段：在高阶变革方案的基础上进行详细设计，流程和组织方案细化到可操作级，可以进行试点推行，IT方案完成系统功能的规格设计。

●开发阶段：进行IT系统的具体开发工作。在数字化转型过程中，我们将公司内部的IT也进行了产品化定义，引入了敏捷开发方法，迭代演进。

●验证阶段：对IT进行各类测试工作，确保系统的功能、性能等满足设计要求。

●试点阶段：选择试点业务单元或代表处，将流程、组织、IT系统或整体变革方案进行试点，验证方案的合理性和变革收益。

●推行阶段：变革方案经过试点后，在全公司范围内推行落地，在推行中不断获得变革收益，坚定利益关系人的变革信念。

●运营管理阶段：变革项目关闭后，将变革方案正式移交给业务部门，由业务部门负责在业务的持续运营中不断完善和优化变革方案，夯实变革成果。

变革管理流程为变革项目实施提供了一套结构化的方法，

每个变革项目都遵循同样的流程阶段，采用统一的管理语言，极大提升了项目管理水平，简化了项目管理复杂度，促进了项目成功。正如华为通过 IPD 变革实现了持续开发出有竞争力的产品一样，**变革管理流程有助于华为持续成功实施变革项目。**

4. 变革管理组织

2000 年，随着 IPD 和 ISC 变革项目的相继启动，需要对同一时期开展的多个变革项目进行统筹管理。IBM 顾问建议华为成立 ESC，作为公司变革的最高决策机构，处理变革中的重大冲突和争议，对华为变革的整体成功负责；同时建议成立 PO，为 ESC 的决策提供专业支撑，负责变革项目管理和"人"的管理工作。这些组织的成立，有力保障了 IPD、ISC 变革项目的成功。

2003 年，IPD、ISC 变革项目结束后，公司成立了领域 3T，负责领导本领域的变革工作，开展流程 /IT 建设与优化，持续提升运营能力。这种分领域的变革运作方式带来了新问题：多个变革项目之间的关系理不顺，彼此存在冲突，原本业务上的正常讨论，演化为领导之间的博弈，大有谁嗓门大就会收编掉其他项目之势。这使我们意识到面向多个领域开展变革时，需要企业架构提供自上而下的总体指导。华为在 2007—2009 年与 IBM 合作，启动了企业架构项目，IBM 顾问 Bjorn

Andersen（比约恩·安德森）帮助华为定义了业务架构、应用架构、信息架构和技术架构，形成了企业架构的完整参考模型。至此，企业架构如磐石，指导下一轮变革工作的开展。2010 年，我们又成立了 EAC[①]，负责公司级企业架构的整体规划设计、变革项目的架构评审和管理。经过多年的发展，华为逐步形成了完整的变革管理组织，如图 4-4 所示。

ESC 由公司 CEO 任正非任命，主任由公司高层领导担任，成员由公司主要的 GPO 和变革专家构成。领域 3T 主任由相应领域的 GPO 担任，BPO 作为成员。变革项目办公室主任由公司质量与流程 IT 部总裁兼任，企业架构委员会主任由 ESC 任命，是公司范围内的企业架构首席专家。

在变革管理组织中，ESC 和领域 3T 是决策机构，变革项目办公室和企业架构委员会是专业支撑机构，它们有效协作，共同指导变革项目开展。每个变革项目都会任命赞助人，由与该变革项目最强相关的部门一把手担任。变革项目领导组由赞助人担任组长，强相关部门的高层领导作为成员。

ESC 负责管理公司级变革项目，领域 3T 负责管理本领域的变革优化项目。每年，ESC 管理的项目有五六个，九个领域 3T 管理的项目约 200 个。正是有了这样的变革管理组

[①] EAC：Enterprise Architecture Council 的缩写，意为企业架构委员会。

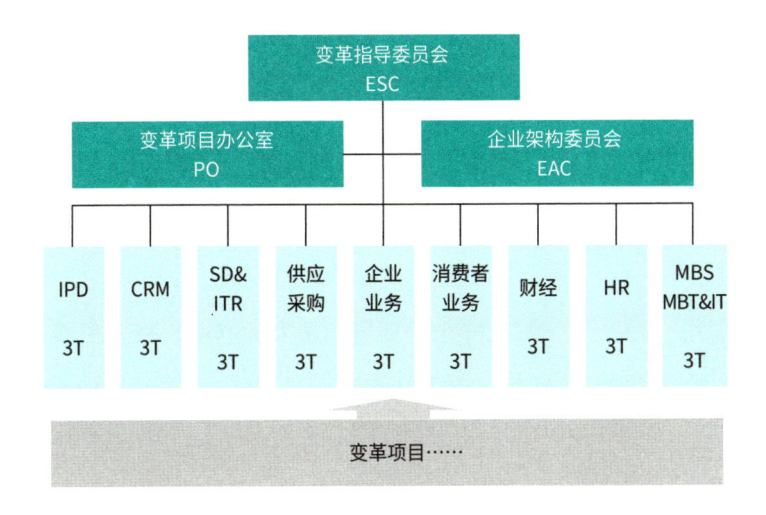

图 4-4　华为变革管理组织

SD&ITR：Service Delivery and Issue to Resolution 的缩写，意为服务交付和问题到解决。

MBS：Manage Business Support 的缩写，意为管理基础支撑。

MBT&IT：即 Manage BT&IT，Manage Business Transformation and IT 的缩写，意为管理业务变革与信息技术。

织，华为才能基于公司长远发展目标对公司变革进行总体规划设计、统筹协调推进，对变革中出现的冲突和争议才能快速形成决策意见，华为每年数十亿元的变革预算才能有效地管理分配，变革项目的投资收益才能得到闭环管理。

上述变革管理方法是华为变革背后非常重要的一条主线，即随着变革工作的开展，同步建立变革管理体系。2000 年，在 PO 成立之初，IBM 顾问认为项目管理能力和"人"的管理能力是 PO 开展工作的两项必备能力，因此建立了项目管理框架和变革管理框架。2001—2003 年，随着 IPD 和 ISC 变革项目的推行落地，在一个大项目组中细分出了多个子项目组，由此孵化了项目群管理方法。2007 年，IFS 变革项目启动，它是一个包含 21 个子项目的超大项目群，每个子项目都有领导组、专职顾问和华为团队，运作非常复杂。IBM 顾问指导华为建立了 BTMS[①]，有效支撑了 IFS 变革工作的开展。这些变革方法论，来自不同时期的不同变革项目，经过消化吸收后，最终形成了华为变革管理体系，构建起华为自己主导变革的组织级能力。

四、变革的"七个反对"

1. "七个反对"的缘起

20 世纪 70 年代末，我国搞改革开放，面对改革开放中

[①] BTMS：Business Transformation Management System 的缩写，意为业务变革管理体系。

出现的各种新事物和新问题，邓小平提出坚持四项基本原则，用来指导整个国家的改革开放。企业变革也需要统一的指导原则，这样才能上下同欲、力出一孔，华为明确提出变革要坚持"七个反对"的指导原则。

2006年，为了应对海外大量高风险合同带来的经营风险，公司启动了端到端交付能力提升项目，对从合同获取到关闭的全流程进行优化，其中主要改进点是加强合同评审。相关部门对合同评审的理解就是做好管控，忽视了服务的职责，于是设置了多项合同评审要素及多个评审管控点，导致合同评审周期过长。新成立的合同商务部招聘了大量业界专家来推进此项工作，他们初到华为，对客户和一线人员缺乏服务意识，过于追求合同评审绩效而忽视了全流程整体运作效率，对于试点中发现的问题没有及时修正。该方案在多个代表处推行后，严重影响了一线的销售业务，引发了很多投诉。

在2006年年中市场工作会议上，任正非提出："端到端交付能力的变革要实事求是，要从实用的目的出发，达到适用的目的。要坚决反对完美主义，坚决反对繁琐[①]哲学，坚

[①] 在华为，强调不要把管理做得过于繁多、复杂。为了表示尊重，"七个反对"中的"繁琐"采用任正非先生提出时的写法。——编者注

决反对盲目创新,坚决反对没有全局效益提升的局部优化,坚决反对没有全局观的干部主导变革,坚决反对没有业务实践经验的人参加变革,坚决反对没有充分论证的流程进入实用。"这是他首次提出"七个反对"。2009 年,他在《深淘滩,低作堰》中指出,李冰留下"深淘滩,低作堰"的治堰准则,是都江堰经久不衰的主要"诀窍"。华为要摒弃早期习惯势力的影响,在管理改进中坚持遵循"七个反对"的原则。我们不能因短期救急或受益,而做长期后悔的事;不能一边救今天的火,一边埋明天的雷。

此后,任正非又多次强调"七个反对":2012 年,正值 IFS 与 LTC 变革推行的关键时期,他在《不要盲目扩张,不要自以为已经强大》中强调,公司已经经历了十几年的流程改造,初步形成了较为合理的流程管理,我们还要实事求是、因地制宜地进行优化,继续贯彻"七个反对"。2015 年,在公司质量工作汇报会上,他再次强调质量问题上要永远记得"七个反对"。华为做的是端到端的质量管理,要反对局部优化影响全局优化。每个部门都在讲自己的优化,但如果妨碍了全局优化,就不是优化。2018 年,华为的数字化转型如火如荼,他强调数字化建设也要坚持"七个反对",数字化转型是用于作战、服务作战的,而不是服务于内部管理的,更不能变成机关组织过于精细管理的又一个工具。自 2006 年以来,"七个反对"已经成为华为变革的基本指导原则。

2."七个反对"的内涵

(1) 反对完美主义

世界和人生都充满了不完美,企业管理体系建设也一样。变革要从实用的目的出发,达到适用的目的;要抓主干,解决结构性问题,不能在细节上"绣花",追求完美。

我们在管理哲学上提倡灰度,因为没有什么是非白即黑、非此即彼。如果变革太僵化,太追求完美,就会面临非常大的阻力,要在妥协中前进。华为在推行各种制度的时候,只要在大的环节想明白,就去试点,在推行中慢慢优化。

(2) 反对繁琐哲学

"瓦萨号"是瑞典鼎盛时期建造的顶级战舰,甲板和船体装饰极其豪华,可惜在首航10分钟之后就沉没了。建战舰的目的是作战,任何装饰都是多余的。公司的使命是实现商业成功,管理就是要简单化,不能让流程繁琐、组织冗余,更不能画蛇添足,这样会延误作业时间,造成企业高成本。

变革的目的要始终围绕为客户创造价值,不能为客户直接或间接创造价值的部门、流程和人员都是多余的,都应该去除。"神奇化易是坦途,易化神奇不足提",著名数学家华罗庚的这一名言在华为变革中经常被引用。

(3) 反对盲目创新

企业管理中的共性远大于不同企业差异化带来的个性，企业最需要坚守的往往都是一些朴素的基本原理。现代企业管理经过上百年的锤炼，已经成为一门严谨的科学，我们需要做的更多的是"削足适履"，在真正理解的基础上吸收和借鉴，而不是因为自己的企业有差异性而人为地去创新。只有在充分消化、反复验证的基础上，才能够对现有的管理进行改进。任正非明确地提出要求：如果提上来的干部随意推翻过去的流程，要立即免职，避免管理出现大的震荡，造成高成本。

在 IPD、IFS 变革中，我们先僵化学习 IBM 实践，充分理解之后再优化。近年来，由于华为有联接、计算、云、终端等业务，很难向一家公司学习，但我们仍然坚持在消化吸收多方业界实践基础上再去整合优化，继续践行这条指导原则。

(4) 反对没有全局效益提升的局部优化

变革要从企业整体视角出发，追求全局利益的最大化。每个人都有自己的部门立场，他们提出优化的出发点很可能是为了部门或者个人局部利益的最大化，这些改动极有可能影响上下游，增加周边协调的工作量，甚至导致流程出现"肠梗阻"。在销售流程中如果不断增加各种管控点（如合同评审、财务评审、法务评审等），负责每道工序的人都想保障自己这道工序完全无风险，那一线销售拓展将寸步难行。站在公司利益最大化的角度，我们是要追求有质量的增长，而不是零风险的增长。

变革不能有"屁股"，不能总想着自己的部门利益是否受损，变革者要管理好内心对局部利益的欲望。在变革过程中，要警惕从某个部门的局部利益或者流程中的某个环节出发，追求局部最优。

（5）反对没有全局观的干部主导变革

毛泽东说过："政治路线确定之后，干部就是决定的因素。"变革涉及跨领域、跨部门的工作，要选拔具有全局观的干部，才能担负起变革的重任。

华为成功的变革都做到了这一点。华为所有变革都是由高层领导担任变革赞助人和领导者。他们在华为工作多年，担任过多个业务领域的重要领导职务，对业务非常熟悉，思考问题更有全局视野，能站在公司角度看待变革、引领变革。

变革项目经理同样要求具备丰富的业务经验、富有自我批判和奉献精神、拥有全局思维。IPD 变革项目经理由研发部高层领导担任，LTC 变革项目经理是当时最年轻的地区部总裁，ISC、IFS 变革项目经理也是在多个岗位历练后才负责变革工作。

(6) 反对没有业务实践经验的人参加变革

变革是为了支撑业务发展，从事变革工作的人一定要懂业务，有实践经验，这样的人才知道业务运作中哪里不顺畅，哪里有痛点，哪些环节可以减掉，哪些环节需要加强。试想一下，如果让一个流程都没跑过、系统都没用过的人参与变革，他怎么可能做出贴近业务的变革方案？

华为从不安排新员工参与变革工作，变革项目组的核心成员都是具有业务成功经验的骨干员工。公司视变革为一项投资，把变革项目作为人才培养的平台，选拔高潜质的员工到变革项目中工作，他们与顾问一起工作，不断学习进步，这对他们来说是一个绝佳的能力提升机会。历经多年，"小沙弥"终于成长为"大和尚"。

(7) 反对没有充分论证的流程进入实用

变革推行是有成本的，只有经过业务实践验证有价值的变革方案，才能被大范围推广。如果一个方案没有经过严格论证、试验，就在全公司推广，就会让不成熟的方案进入业务循环，影响业务运行效率，为企业经营带来新的风险。

从 IPD 变革以来，我们一直坚持先试点再推行的原则。通过试点，能够发现并改进流程和方案中的不足，让流程和方案更适应业务的需要。通过推行，让业务运作发生改变，实现变革价值。在数字化时代，用服务化的方式，应用可以快速上线；但流程和方案的推行要求并没有变，必须经过 ESC 和领域 3T 的评审、试点之后，才能进入推行阶段。

"七个反对"指导原则中的每一条，都是华为变革实践经验和教训的结晶。"七个反对"作为公司变革的基本指导原则，从最初变革项目组反复学习、挂在墙上时刻提醒，到所有项目组成员耳熟能详、在项目实践中加以应用，最后融入了各级主管和变革人员的血脉中。"七个反对"指导华为所有变革项目对准作战，少走弯路，持续优化公司管理体系。

◆◆◆

评价变革好与不好，就看它有没有真正让业务模式发生改变，有没有支撑公司的战略达成。经常有企业高层和我探讨，流程制度发布了，组织文件签发了，干部也任命了，但为什么业务没有达到预期的效果呢？我经常用冰山模型来举例子，流程制度、组织文件和干部任命等都是冰山在水面之上看得见的部分，而人的观念、意识和行为等是冰山在水面之下看不见的部分。前面的做法相当于只推动了冰山水面之上的"小冰山"前进，而水面之下的"大冰山"纹丝未动。

这样的结果自然是员工还按原来的方式做事，业务不会发生实质性变化。

变革是一段从"此岸"到"彼岸"的艰难旅程，企业家要具备变革领导力，有变革的决心、信心和耐心，才能带领企业"过河"，从一个业务迈向另一个业务。 华为过去 20 多年的变革，如果没有任正非的领导和坚持，就不会取得成功，也就不会有今天的华为。变革最大的挑战就是改变人，所有人都要对变革有敬畏之心，实事求是，用科学的方法去管理变革，才能让变革的各类利益关系人都成为积极响应者。这样，随着流程、组织和 IT 的落地，人的观念、意识和行为会发生改变，冰山整体将稳步前行，公司也将取得商业成功。

结　语
CONCLUSION

变革的勇气

微软、苹果公司的伟大之处，不在于曾经叱咤风云，而在于它们能够从低谷中重回巅峰。GE、惠普和 IBM 这些曾经伟大的公司，它们有着完善的管理体系，很多公司曾积极学习；但面对环境的变化，它们错失做出正确决策的时机，以致在徘徊中止步不前。企业要持续有效增长，选择正确的业务方向永远是第一位的。

未来活下来的企业绝大多数将实现数字化。企业在进行数字化转型的过程中面临的挑战可能不尽相同，但相同的是，转型不仅意味着对新技术的投入，还需要重塑管理体系，以支撑业务模式转变，正所谓"业务为首，管理跟上"。回想 20 多年前，华为明确提出要成为世界级领先企业。为了实现这个目标，我们在 I/T S&P 项目中确定了"量产"模式，建立支撑跨部门高效协同的流程、组织和 IT，形成强大的组织执行力，构筑了低成本、高质量的竞争优势，从此开启了业务快速发展的征程。

我相信持续变革的力量，它将支撑大多数企业不断提升自身的组织能力。我鼓励企业拥抱变化，企业家面对新时代挑战，要敢于变革。这种变革，要求企业家不仅有面对不确定性时敢于作为的决心，还有舍弃过去的成功，迎难而上的担当，更有未雨绸缪，做好前瞻性准备的智慧。企业一旦确定愿景和方向，全体员工需要真抓实干地做好工作，用几年甚至更长的时间，把企业发展目标变成现实。

1996 年，在我的主导下，华为引入了 Oracle MRP Ⅱ，公司有了基本的运营管理系统。1999 年 ISC 变革，我们与 IBM 顾问反复推敲，确定了软件包驱动业务变革。历经多年努力，我们构建了以 ERP、PDM、CRM 等为主干 IT 系统的业务支撑平台，似乎华为的 IT 建设已经站在业界领先的山顶上。2019 年，美国制裁给我们带来了巨大的压力，如果继续固守过去的 IT 系统，美国的封锁就像达摩克利斯之剑一样悬在我们头顶，让公司的经营管理处处掣肘。我只能鼓起勇气，带领大家放弃过去，回到山脚再出发。在保持业务稳定的前提下，我们对 ERP 系统进行全面解耦，通过自研并联合伙伴，用云化和服务化的思路实现业务数字化，一点一点重新"爬坡"。2022 年 7 月，华为自研的 MetaERP[①] 切换成功并全面上线，

[①] MetaERP：华为使用的，安全、自主可控的下一代企业核心商业系统。

我们终于彻底解决了企业核心 IT 系统的业务连续性问题。当初我把 Oracle ERP 引入华为，26 年后又送它离开，不禁让人唏嘘感慨。这只是华为面对外部环境变化，勇于做出改变，扎扎实实通过变革构筑组织级能力的一个实例。

当年任正非推荐我们阅读《蓝血十杰》，并以此名表彰为华为管理体系建设做出突出贡献的人员。但出乎意料的是，他在表彰会上鼓励我们学习"蓝血十杰"基于数据和事实的理性决策，同时鲜明地批判"蓝血十杰"对数字的过度崇拜，对成本的过度控制，对企业管理的精细化追求。企业实施变革要向外看，所有伟大企业的成功实践、管理学者的创新理论都会对企业领导者有所启发。理念和方法可以充分借鉴，但具体做法却难以完全复制。所有理论和实践为你所用的目的只有一个，就是帮助你建立自己独一无二的企业。企业家唯有取其所长，避其所短，批判选择，审慎平衡，才能构筑企业差异化的竞争力。

华为全体管理者和员工有一个共识：唯一不变的是变化。华为发展到今天这个规模，也面临大企业病、"官僚主义"的挑战。任正非正在亲自领导的面向代表处的综合变革——"合同在代表处审结"，就是在探索如何破解"大企业病"这一企业管理的顽疾。华为将作战和经营重心前移，指挥权授给代表处，让"听得见炮火的人"直接指挥作战，而机关转向能力中心、资源中心和监管中心。通过践行"坚定不移的战略方向,灵活机动的战略战术",让华为有韧性、高质量地活下去。

"我们无法左右变革,我们只能走在变革的前面。"

附录一
APPENDIX I

我们向美国人民学习什么

《我们向美国人民学习什么》是任正非带领华为高层团队于 1997 年年底访问美国 IBM 等公司，回国后写的访问心得，重点是下定决心向西方公司学习管理。

1997 年岁末，在西方圣诞节前一周，匆匆忙忙地访问了美国休斯公司、IBM、贝尔实验室与惠普公司。美国人都在准备休假，我们却要在这么短的时间，横跨美国大陆从东向西访问。这些大公司的许多高级人员都等着我们，给予了我们热情真诚的接待，着重介绍了他们的管理，我们得到了许多收获。

一、前赴后继的创新精神与浪起云涌的创新机制

我去过美国很多次，美国的创新机制与创新精神留给我很深的印象。他们连玩也大胆去创新，一代一代人地熏陶、传递，一批又一批的移民又带来了不同文化的冲击、平衡与

优化，构成了美国的创新文化。

越来越多的科技英雄的涌现，对推动美国的科技进步做出了贡献。美国占据了世界60%的电子市场，我们不能不对那些在信息潮中不断昙花一现的英雄，给予崇高的敬仰。信息潮的变幻莫测，快速地演变，使一批一批的大企业陷入困境，以致消亡；一批一批的小企业，成长为参天大树，大树又遭雷劈。不断地生，不断地亡，这是信息产业的特点。华为由于幼稚，不幸进入了信息产业，后退就是死亡，被逼上了不归路，创业者及继承者都在销蚀健康，为企业生存与发展而顽强奋斗。

纵观美国信息产业的兴亡史，令人胆战心惊。五百多年的春秋战国如果缩到一天内，谁是英雄？巨大的信息潮，潮起潮落，随着网络技术与处理技术的进步，新陈代谢的速度会越来越快。因此很难再有盖棺论定的英雄，任何过路的豪杰都会对信息产业的发展给以推动。我们应尊重他们，学习他们，批判地继承他们。

IBM是昔日信息世界的巨无霸，却让一些小公司"作弄"得几乎无法生存，以致1992年差点解体。为了解除困境，励精图治，IBM重新走上改革之路，同时付出了巨大的代价。曾经受联合国工作人员致敬的王安公司，从年销售35亿美元，已经消失得无影无踪了。创立个人电脑的苹果公司，几经风雨飘摇，我们还能否吃到下世纪的"苹果"？……再这么发展下去，发展中国家还有多少人敢进入信息产业？美国在这种创新机制推动下，风起云涌、层出不穷的高科技企业叱咤风云，企业不论谁死谁亡，都是在美国的土地上，资产与人才仍然在美国，破产只是拴住了法人，员工又可投入新的奋斗。这种从国家立场上来讲的宏观力量，永恒地代表美国的综合国力。由于信息产业的进步与多变，必须规模化，才能缩短新产品的投入时间，而几万人的公司又易官僚化。美国在科技管理上的先进也是被逼出来的。发展中国家无论从人力、物力以及风险投资的心理素质来说，都难以胜任。如果发展中国家不敢投入信息产业的奋斗中，并逐步转换成实力，那么美国的市场占有率就将从60%提升到70%、80%……它占得越多，你就越没有希望。

推动技术进步的市场需求已经启动，世界近20年来，人类生活有了较大的改善，开始从温饱转为寻求知识、信息、文化方面的享受，从而使电子技术得以迅猛发展。得到巨额利润润滑的信息产业，以更大的投入引导人们走向新的消费。这种流动使所有产业都得到润滑，互相促进了发展。

例如中国的农民主要是缺少教育，文化低，不会科学种地。如果电子业向他们提供充足、理想的网络服务，通过网络，使他们得到各种培训与商业交流（例如养牛、种地，假设有数十万种……），使九亿农民的素质提高，劳动力获得解放。一是种好现在的地，并进行产品的深度加工，大幅度地提高农产品的附加值。二是多余的劳动力及资金找不到出路，就会去开发荒山，绿化荒山。绿化的荒山提高了人们的生存质量，人们又要向更高层次进取。那时中国大量过剩的优质劳动力在相当长的时期内，仍然比较便宜，中国在加工业上会永远有较强的国际竞争力。只要在自主开发上逐步努力提高，中国下世纪有望进入经济大国的行列。所以科教兴国是中国走向富强的必由之路，只有坚持提高全民族文化素质，中国才会有希望。

中国自己有庞大的市场需求，中国历史上也有冒险家，党的十五大的开放政策比较好，中国应该产生一些敢于在高科技中有所作为的公司和时代的弄潮儿，联想、北大方正……不是已经启动了吗？我们并不孤单。

二、优良的企业管理

IBM的副总裁送了我一本书，是哈佛大学（出版社）出版的，对大项目的管理讲得非常有道理。在财政部部长刘仲藜访问我们公司时，我又把这本书送给了他（我们后来采购了几百本）。我们在IBM整整听了一天管理介绍，对它的管理模型十分欣赏，对项目从预研到寿命终结的投资评审、综合管理、结构性项目开发、决策模型、筛选管道、异步开发、部门交叉职能分组、经理角色、资源流程管理、评分模型……从早上一直听到傍晚,我身体不好,但不觉累,听得津津有味。后来我发现朗讯也是这么管理的,都源自美国哈佛大学等著名大学的一些管理著述。

圣诞节美国万家灯火,我们却关在硅谷的一家小旅馆里,点燃壁炉,三天没有出门,开了一个工作会议,消化了我们访问的笔记,整理出一沓简报准备带回国内传达。我们只有认真向这些大公司学习,才会使自己少走弯路,少交学费。IBM是付出数十亿美元直接代价总结出来的,它经历的痛苦是人类的宝贵财富。

IBM作为巨无霸一直处在产业的优越地位,由于个人电脑及网络技术的发展,严重地打击了它赖以生存的大型机市场。20世纪80年代初,IBM处在盈利的顶峰,它的股票市值超过西德(联邦德国)股票之和,也成为世界上有史以来盈利最大的公司。经过13年后,它发现自己危机重重,才痛下决心,实行改革,在1992年开始大裁员,从41万人裁到现在的26万人,付出了80亿美元的行政改革费用。长期处于胜利状态,造成的冗员、官僚主义,使之困难重重。聪明人十分多,主意十分多,产品线又多又长,集中不了投资优势。又以年度做计划,反应速度不快。管理的混乱,几乎令IBM

解体。华为会不会盲目乐观，也导致困难重重呢？这是我们访美的目的。

1993年初，当郭士纳（Louis Gerstner）以首位非IBM内部晋升的人士出任IBM总裁时，提出了四项主张：一是保持技术领先；二是以客户的价值观为导向，按对象组建营销部门，针对不同行业提供全套解决方案；三是强化服务，追求客户满意度；四是集中精力在网络类电子商务产品上发挥IBM的规模优势。

第四条，是针对1992年IBM面临解体为7个公司的情况而说的。规模是优势，规模优势的基础是管理。

历时5年，IBM裁减了15万职工。（其中因裁员方法不当，也裁走了不少优秀的人才。）销售额增长了100亿美元，达750亿美元，股票市值增长了4倍。

听了一天的管理介绍，我们对IBM这样的大公司，管理制度的规范、灵活、响应速度不慢有了新的认识，对这样一个庞然大物的有效管理有了了解，对我们的成长少走弯路有了新的启发。华为的官僚化虽然还不重，但是苗头已经不少。企业缩小规模，就会失去竞争力；扩大规模，不能有效管理，又面临死亡。管理是内部因素，是可以努力的。规模小，面对的都是外部因素，是客观规律，是难以以人的意志为转移的，它必然扛不住风暴。因此，我们只有加强管理与服务，在这条不归路上，才有生存的基础。这就是华为要走规模化、搞活内部动力机制、加强管理与服务的战略出发点。

在扩张的过程中，管理不善也是非常严重的问题，华为一直想了解世界大公司是如何管理的，有幸IBM给了我们真诚的介绍。回公司又在高层进行了两天的传达与研讨，这100多页简报激起新的改革火花。

三、机会是企业扩张的动力

IBM明确技术领先战略，贝尔实验室更是如此。所有美国高科技公司的宗旨无不如此，没有一个公司提出跟在别人后面，模仿的战略是不会长久的。

我们有幸参观了贝尔实验室，中午还与贝尔实验室的曾院士共进了午餐，曾院士是江泽民总书记参观贝尔实验室时被接见的20位华人之一。

我年轻时就十分崇拜贝尔实验室，仰慕之心超越爱情。后来有幸成了竞争对手（指部分产品领域），有机会亲自访问，十分高兴。

我首先参观了大厅中的贝尔实验室名人成就展，在巴丁的纪念栏下照了相。后来参观实验室时，又恰好看了巴丁原来工作过的房间，我怀着崇敬的心情特意去巴丁50年前发明晶体三极管的工作台前站了一会儿，并说巴丁不仅是贝尔实验室的，也是全人类的。巴丁发明了晶体三极管，开创了人类的电子新纪元，促进了人类社会极大的发展。刚好上个月江泽民总书记也在那儿站过。它的科学家十分高兴，送了一个巴丁发明三极管50周年的纪念品给我，他说他也送了一个给江泽民总书记。

贝尔实验室对人类有着伟大贡献，这里产生过七位诺贝尔奖获得者。贝尔实验室原来属AT&T[①]，由国家垄断经营电信业务获得的巨大利润，支持其每年达20亿~30亿美元的研究经费。因此，它出了非常多的发明，促进了全人类的进步。我年轻时听说它每天产生一项专利，现在是每天产生4项专利。贝尔实验室现在归属朗讯，科研与预研明显地已往产品方向转移，但其科研能力在整个世界仍然十分超前。

我们参观了它1997年的重大突破——波分复用和以波分复用为基础的光路由器，现在可实现几十段波长复用，以后还会更多。光交换不是基于空分交换，而是波长交换。刻在一个6英寸硅片的光路由器，具有几十万门的交换能力，这意味着十年之内交换与传输将有重大的突破。我开玩笑说，以后一个邮电部部长口袋中揣一个交换机，我就去失业保障局了。

---

① AT&T：美国电话电报公司。

在贝尔实验室，我们听取了它的资深技术主管玛丁的报告，主要与其讨论了预测问题。华为在战略管理与项目管理上一直矛盾重重，理不顺，理又乱。玛丁开玩笑，讲了几项著名的预测：

电话作为一种通信工具，有许多缺陷，对此应加认真考虑。这种设备没有价值。

—— 西欧联盟（1876年）

我认为世界市场上有可能售出五台计算机。

—— IBM主席托马斯·沃特森（1943年）

未来计算机的重量可能不会超过1.5吨。

—— 大众机械杂志（1949年）

无论对谁来说，640K内存都足够了。

—— 比尔·盖茨（1981年）

玛丁介绍了一系列重要的对未来的预测，例如：

到2010年，0.07微米芯片会实用化，达到硅可能达到的最高限度。其单芯片容量可达到40亿只晶体管。

2000年后光纤单芯容量达120G，波分复用系统开始实用。

2005年无线接入的环路成本将低于有线接入。

当然也许后人会将这些预测纳入笑料。

贝尔实验室亚洲人占11%，其中华人为多数，许多人取得了重大的成就。

我们访问的所有公司都十分重视研发，而且研发要对行销、技术支援、成本与质量负责任，与我国的研发人员仅注意研发有较大的区别。

IBM每年约投入60亿美元的研发经费。各个大公司的研发经费都在销售额的10%左右，以此创造机会。我国在这方面比较落后，对机会的认识往往在机会已经出现以后，做出了正确判断，抓住机会，获得了成功，华为就是这样的。而已经走到前面的世界著名公司，它们是靠研发创造出机会，引导消费。它们在短时间席卷了"机会窗"的利润，又投入创造更大的机会，这是它们比我们发展快的根本原因。华为1998年的研发经费将超过8亿元，并正在开始搞战略预研与起步进行基础研究，由于不懂，也造成了内部的混乱，因此，这次访美我们重在学习管理。学习一个小公司向规模化转变，是怎么走出混沌的。要真正培养一批人，需要数十年理论与基础的探索，至少在心理素质上就关山重重，任重道远。还不知有无人愿意在这如火如荼的时代甘坐十年冷板凳，并且要冒一生心血不成功的"懊悔"。即使成功不为人们理解，除内心痛苦之外，还有可能在大裁员时，把他也像IBM把发明光变相法的利文森错裁了一样，使IBM失去了在高精细芯片加工领域的技术领先与垄断地位。

科学的入口处，是地狱的入口处，进去了的人才真正体会得到。基础研究的痛苦是成功了没人理解，甚至被曲解、被误解，像凡·高一样，死后画卖到几千万美元一幅。当我看到贝尔实验室科学家的实验室里密如蛛网，混乱不堪，不由得对这些勇士肃然起敬。华为不知是否会产生这样的勇士。

寻找机会，抓住机会，是后进者的名言。创造机会，引导消费，是先驱者的座右铭。十年之内通信产业将面临一场革命。这场革命到来时，华为在哪里？我在美国与一些资深人士交流，他们有的说计算机网络的进步会取代通信，成为全球最大的网络。通信专家说，通信技术的进步将会使通信网络包容计算机网络，合二为一。我认为二者都有道理，在下世纪初，也许在2005年，真正会产生一次网络革命，这是人类一次巨大的机会。计算技术的日新月异，使人类普及信息技术成为可能。高速的光传输，与先进的交换和处理技术，使通信费用大幅降低，网络的覆盖能力增强到人们想象不到的地步，为信息的传播与使用铺平了道路。随着波分复用和波长交换使光交换获得成功，现在实验室的单芯可传送2000G，将来会变成现实，那时候，通信费用会大大降低，那么用户的迅猛增长，业务的迅猛增长，难以预计。例如，中国出现六亿门大网时，会是一种什么局面，你想象过吗？

抓住机会与创造机会是两种不同的价值观，它影响企业与国家的发展道路。混沌中充满了希望，希望又从现实走向新的混沌。人类历史是必然王国走向自由王国的历史，在自由王国里又会在更新台阶上处于必然王国。因此，人类永远充满了希望，再过5000年还会有发明创造，对于有志者来说，永远都有机会。任何时间晚了的悲叹，都是无为者的自我解嘲。

四、忘我献身精神不仅仅是我们才有

我说过贝尔实验室的科学家，他们的忘我奋斗精神是令人佩服的。我以前看过一部有关诺贝尔科学家领奖的故事片，片中讲述他们像科学疯子一样，到处"胡说八道"，忙忙碌碌，走到哪儿就画到哪儿，并不考虑衬衣上不能写公式，不能做实验记录。

美国私人风险投资基金的推动，使得一批一批的志士，如痴如狂地去追求成功，那种奋斗不止的精神，并非我们共产党人才有。我们先不说我们是为了社会的公平，他们是追

求个人利益。从纯奋斗精神来讲，美国也有"焦裕禄""孔繁森"。

多年来我接触相当多的美国科技人员，由于机制的推动，非常多的人都十分敬业，苦苦地追求着成功，这是一种普遍的现象，而非个例。比尔·盖茨初期没有电视机，而是由他父亲帮他看新闻，而后告诉他，有些人不理解，因此也不会理解中国的许多科技工作者在那么低的收入下的忘我奋斗与牺牲精神。理解不了"两弹一星"是怎么做出来的，理解不了袁隆平为什么还那么像农民。大庆"新铁人"王启民不就是这么一个苦苦探索二三十年，研究分层注水、压裂，使大庆稳产高产成为世界奇迹的吗？

拼命奋斗是美国科技界普遍的现象，特别是成功者与高层管理者……是由数百万奋斗者推动的技术进步、管理进步、服务网络的优良服务而取得的。这种例子是很多的。

例如自视甚高的IBM的高手，都会被派到"棒子杰克"的部门去工作。由他来考验他们，这是过关的必经之路。他因为严厉使真名伯特伦反倒不出名。许多人都对他恨得牙痒痒的。他每天只睡三四个小时，有时会半夜三点起床到他管辖的某个工厂去逛逛，看看有什么问题，任何人的汇报都瞒不了他。他的工作方法曾经妨碍过他的晋升，但长久以后还是为他挣得了神秘的地位。

经过多年不断地伤人感情，人们已开始接受他的时候，他生病了，已经来日不多了。56岁的他缠绵在病床上，仍不断地批评工作，说IBM发明了工作站，让别人去创造了这个工业，自身却因官僚体系与懒惰，愚蠢地错失了机会。IBM非改不可。

伯特伦的上司屈勒到医院去看他，看到伯特伦用人工器官呼吸，可能活不了几天了。使上司大吃一惊的是，伯特伦临死也不忘IBM的改革，这时还推荐赫勒主持工作站的工作。赫勒是IBM的离经叛道者，最野的"野雁"。

再例如伯兰是IBM企业联盟构想的提出者，后来这个小部门成长为几百人的部门。企业联盟就是IBM不先派销售人员去客户那儿推销硬件，而是先派一批程序员去与客户沟通，了解客户的需求，按客户的要求在30～90天内做一些客户需要的软件，这给客户留下很深的印象，客户在买机器时，一定会先想到IBM。由于IBM不断提供帮助，客户的消费标准已引导到IBM的标准上来了。客户都想找企业联盟，而数十个部门又不归他管。他的位置像没有内阁职位的政务委员一样，由于IBM的组织庞大，经理十分多，推进十分困难。他警告IBM，如果想保持史无前例的成就，最好全面改革。

随后他病倒了。50岁，得了脑癌。医生开刀后，发现已扩散。他躺在病床上，在病房里装了一台终端，每天花好几个小时追踪他的计划进度，发出几十封到几百封电子邮件。临死前，他说了一句："我动弹不得，就像 IBM 一样。"

如果以狭隘的金钱观来认识资本主义世界的一些奋斗者，就理解不了比尔·盖茨每天还工作14或15小时，不间歇地努力。不带有成见去认识竞争对手，认真向他们学习好的东西，才有希望追赶上他们。

我们国家不乏许多如"两弹元勋"邓稼先那样优秀的艰苦奋斗者，只要我们一代一代的优秀青年继承他们的传统，发扬他们的精神，承先启后，继往开来，中国是有希望的。

五、华为的红旗还能打多久

这次出访有幸与深圳市委原书记厉有为同行。共处的十来天，双方交换了许多认识。他在任时，我们很难有半小时的沟通，这次是淋漓尽致。

市委、市政府这些年来给华为许多道义上的、宏观的、政策上的支持，华为在深圳这块土地上有了不小的发展。但不是人人都了解和理解华为的发展。不仅银行、官员、朋友……都担心发展这么快，会不会有一天垮了。当然也有一些是竞争对手，在不了解的情况下，做了一些不理解、不正确的分析与误导。

当然，华为也难以不断地以 100% 的速度增长。发生在基数小的时候，是可能的。1997年，发展速度已经降下来了，以后还会不断地降下来。尽管每年净增的绝对值很大，但相对值在减少，逐步降到国际高科技企业35%的平均增长水平。

这次我们也考察了一些小公司，与华为几乎是同时起步的，年产值已达20亿～30亿美元，美国与华为差不多规模的公司产值都在50亿美元以上，为华为的3～5倍。华为发展不快的原因有内部原因，也有外部原因。

内部原因是不会管理。华为没有一个人曾经在大型的高科技公司干过，从开发到市场，从生产到财务……全都是外行，未涉世事的学生一边摸索一边前进，磕磕碰碰走过来的。企业高层管理者大量的精力用于员工培训，而非决策研究。

摸索的速度必然较慢。外部看到华为快一些，是员工把休息时间全牺牲了，把浪费的钱从生活中又省回来了。但掩盖不了它幼稚的本质。有一次国务委员宋健与我谈话，问我最大的收获是什么，我说"浪费"了非常多的钱用于员工培训。也许下世纪才能看到这些"苹果"长熟。

外部原因是社会上难以招到既有良好素质，又有国际大型高科技企业管理经验的"空降部队"。即使能招到，一人、两人也不行，得有一个群体。国内政策与公司实力还养不起一个群体。美国公司如果出了一项产品，登高一呼，很快就有非洲经验、欧洲经验，或熟悉亚洲文化的精英繁集。只要双方订好协议，国际市场就紧锣密鼓地干开了。华为成立十年了，海外市场走出去三年了，屡战屡败，屡败屡战，现在才开始有一些小的收获。

没有大规模的市场营销，就发挥不了软件拷贝的附加值优势，企业就缺少再创新的机会与实力。

再者，中国的技术人员重功能开发、轻技术服务，导致维护专家的成长缓慢，严重地制约了人才的均衡成长，外国公司一般都十分重视服务。没有良好的服务队伍，就是能销售，也不敢大销售；没有好的服务网络，就会垮下来。我们与外国大公司交谈时，他们都陈述自己有一个多么大的服务网络。相比之下，华为发展并不快，资源使用上也不充分，还有潜力可以发挥。

华为十分重视企业的内部管理与潜力的增长，企业的发展有十分强大的推动力与牵引力。因此充满扩张的机会，使内部的矛盾在扩张中消化。经历初期的快速扩张，使一代优秀的员工得以成长，成为骨干，为公司稳定下来后的正规管理积累了经验与管理力量。他们经历了艰苦的奋斗，具有了良好的心理素质，使公司避免了沉淀。只要持之以恒地坚持能上能下，按岗位目标责任的标准使用干部，华为的红旗是一定可以持续飘扬下去的。华为的内部凝聚力是抵御外界风暴的盾牌。只要长期坚持剖析自己、寻找自己的不足与弱点，不断地改良，避免重大决策的独断专行，实行委员会制的高层民主决策，华为的星星之火一定可以燃烧成熊熊大火。

十年之内，通信产业及网络技术一定会有一场革命，这已为华为的高层领导所认识，在这场革命到来的时候，华为抓不住牛的缰绳，也要抓住牛的尾巴。只有这样，才能成为国际大公司。这场革命已经"山雨欲来风满楼"了。只有在革命中，才会出现新的机遇。

六、中美关系的风风雨雨不影响学习美国人民

美国政府出于自己的内外政策需要，长期敌视社会主义的中国。它谋求霸权主义，以期保护其对资源的获得以及市场的占有；消灭社会主义，推行其价值观，以强加给他国人民。

中美关系时好时坏，是出于美国政府的需要，我国斗而不破的政策也是为了保护自己的灵活措施。美国一边以人权为幌子，拼命攻击中国，用台湾问题、西藏问题……干扰你，使你只有招架之力，一边它就乘机获得贸易的好处。

中国在不断地加强自身的改革，持续十几年的经济增长，有利于国内问题的解决。党的十五大以后，国企改革的力度加大，只要持续稳定地发展，中国的国际形象就会逐渐改善。期望美国完全改变政策是不可能的。成为强国，就有了说话

的地位。以后更会是强大者的社会,先工业化国家通过贸易自由化,使后工业化国家长期处于辅助地位。中国是一个大国,我们要像当年搞"两弹一星"那样,拿出伟大的气魄来,在经济上、科技上站起来。当前,应在教育上加大发展,普遍提高人民的素质,认真学习各国的先进思想,在观念上对自身实现解放。从事高科技的产业更应向美国学习,学习它的创新机制与创新精神,在软件技术革命层出不穷的今天,我们始终充满追赶的机会。

因此,中美之间的风风雨雨还会不断地出现,但不影响我们向美国学习它的创新机制与创新精神,以促进我们更快地富强起来。

附录二
APPENDIX II

开放、妥协与灰度

2009年1月,华为CEO任正非在2009年全球市场工作会议上发表了《开放、妥协与灰度》的讲话,极大地影响了华为的变革、管理理念和工作方法。

华为的核心价值观中,很重要的一条是开放与进取,这条内容在EMT讨论中,有较长时间的争议。华为是一个有较强创新能力的公司,开放难道有这么重要吗?其实我们由于成功,现在越来越自信、自豪和自满,其实也在越来越自闭。我们强调开放,更多一些向别人学习,我们才会有更新的目标,才会有真正的自我审视,才会有时代的紧迫感。

一、坚定不移的正确方向来自灰度、妥协与宽容

我们常常说,一个领导人重要的素质是方向、节奏。他的水平就是合适的灰度。

一个清晰方向,是在混沌中产生的,是从灰色中脱颖而

出的；而方向是随时间与空间而变的，它常常又会变得不清晰，并不是非白即黑、非此即彼。合理地掌握合适的灰度，是使各种影响发展的要素，在一段时间达到和谐，这种和谐的过程叫妥协，这种和谐的结果叫灰度。

"妥协"一词似乎人人都懂，用不着深究；其实不然，妥协的内涵和底蕴比它的字面含义丰富得多，而懂得它与实践更是完全不同的两回事。我们华为的干部，大多比较年轻，血气方刚，干劲冲天，不大懂得必要的妥协，也会产生较大的阻力。我们纵观中国历史上的变法，虽然对中国社会进步产生了不灭的影响，但大多没有达到变革者的理想。我认为，面对他们所处的时代环境，他们的变革太激进，太僵化，冲破阻力的方法太苛刻。如果他们用较长时间来实践，而不是太急迫，太全面，收效也许会好一些。其实就是缺少灰度。方向是坚定不移的，但并不是一条直线，也许是不断左右摇摆的曲线，在某些时段中来说，还会画一个圈，但是我们离得远一些，或粗一些看，它的方向仍是紧紧地指着前方。

我们今天提出了以正现金流、正利润流、正的人力资源效率增长，以及通过分权制衡的方式，将权力通过授权、行权、监管的方式，授给直接作战部队，也是一种变革。在这次变革中，也许与20多年来的决策方向是有矛盾的，也将涉及许多人的机会与前途，我想我们相互之间都要有理解与宽容。

二、宽容是领导者的成功之道

为什么要对各级主管说宽容？这同领导工作的性质有关。任何工作，无非涉及两个方面：一是同物打交道，二是同人打交道。不宽容，不影响同物打交道。一个科学家，性格怪僻，但他的工作只是一个人在实验室里同仪器打交道，那么，不宽容无伤大雅。一个车间里的员工，只是同机器打交道，那么，即使他同所有人都合不来，也不妨碍他施展技艺制造出精美的产品。但是，任何管理者，都必须同人打交道。有人把管理定义为"通过别人做好工作的技能"。一旦同人打交道，宽容的重要性立即就会显示出来。

人与人的差异是客观存在的，所谓宽容，本质就是容忍人与人之间的差异。不同性格、不同特长、不同偏好的人能否凝聚在组织目标和愿景的旗帜下，靠的就是管理者的宽容。

宽容别人，其实就是宽容我们自己。多一点对别人的宽容，其实，我们生命中就多了一点空间。

宽容是一种坚强，而不是软弱。宽容所体现出来的退让是有目的、有计划的，主动权掌握在自己的手中。无奈和迫不得已不能算宽容。

只有勇敢的人才懂得如何宽容；懦夫绝不会宽容，这不是他的本性。宽容是一种美德。

只有宽容才会团结大多数人与你一起认知方向，只有妥协才会使坚定不移的正确方向减少对抗，只有如此才能达到你的正确目的。

三、没有妥协就没有灰度

坚持正确的方向，与妥协并不矛盾，相反妥协是对坚定不移方向的坚持。

当然，方向是不可以妥协的，原则也是不可以妥协的。但是，实现目标方向过程中的一切都可以妥协，只要有利于目标的实现，为什么不能妥协一下？当目标方向清楚了，如果此路不通，我们妥协一下，绕个弯，总比原地踏步要好，干吗要一头撞到南墙上？

在一些人的眼中，妥协似乎是软弱和不坚定的表现，似乎只有毫不妥协，方能显示出英雄本色。但是，这种非此即彼的思维方式，实际上是认定人与人之间的关系是征服与被征服的关系，没有任何妥协的余地。

妥协其实是非常务实、通权达变的丛林智慧，凡是人性丛林里的智者，都懂得恰当时机接受别人妥协，或向别人提出妥协，毕竟人要生存，靠的是理性，而不是意气。

妥协是双方或多方在某种条件下达成的共识，在解决问题上，它不是最好的办法，但在没有更好的方法出现之前，它却是最好的方法，因为它有不少的好处。

妥协并不意味着放弃原则，一味地让步。明智的妥协是一种适当的交换。为了达到主要的目标，可以在次要的目标上做适当的让步。这种妥协并不是完全放弃原则，而是以退为进，通过适当的交换来确保目标的实现。相反，不明智的妥协，就是缺乏适当的权衡，或是坚持了次要目标而放弃了主要目标，或是妥协的代价过高遭受不必要的损失。明智的妥协是一种让步的艺术，妥协也是一种美德，而掌握这种高超的艺术，是管理者的必备素质。

只有妥协，才能实现"双赢"和"多赢"，否则必然两（多）败俱伤。因为妥协能够消除冲突，拒绝妥协，必然是对抗的前奏。

我们的各级干部真正领悟了妥协的艺术，学会了宽容，保持开放的心态，就会真正达到灰度的境界，就能够在正确的道路上走得更远，走得更扎实。

附录三
APPENDIX III

一江春水向东流 —— 为轮值 CEO 鸣锣开道

《一江春水向东流》是任正非 2011 年 12 月 25 日在轮值 CEO 制度开始实行之前撰写的文章，副标题是"为轮值 CEO 鸣锣开道"。在这篇文章中，他从创始人的角度梳理了华为从小到大的发展历程，并对轮值 CEO 制度做了解读。

千古兴亡多少事，一江春水向东流。

小时候，妈妈给我们讲希腊大力神的故事，我们崇拜得不得了。少年不知事的时期，我们又崇拜上李元霸、宇文成都这种盖世英雄，传播着张飞"杀"（争斗）岳飞的荒诞故事。在青春萌动的时期，突然敏感到李清照的千古情人是力拔山兮的项羽，至此"生当作人杰，死亦为鬼雄"又成了我们的人生警句。当然这种个人英雄主义，也不是没有意义，它迫使我们在学习上争斗，取得了较好的成绩。

当我走向社会，多少年后才知道，我碰到头破血流的，就是因为这种不知事的人生哲学。我大学没入团，当兵多年没入党,一直处在人生逆境,个人很孤立。当我明白"团结就是力量"这句话的政治内涵时,已过了不惑之年。想起蹉跎了的岁月,才觉得,自己怎么会这么幼稚可笑,一点都不明白开放、妥协与灰度呢?

我是在生活所迫、人生路窄的时候创立华为的,那时我已领悟到"个人才是历史长河中最渺小的"这个人生真谛。我看过云南的盘山道,那么艰险,100多年前是怎么确定路线,怎么修筑的,为筑路人的智慧与辛苦佩服!我看过薄薄的丝绸衣服,以及为上面栩栩如生的花纹是怎么织出来的而折服,织女们怎么这么巧夺天工!天啊!万里长城、河边的纤夫、奔驰的高铁……我深刻地体会到,组织的力量、众人的力量,才是力大无穷的。人感知自己的渺小,行为才开始伟大。在创立华为时,我已过了不惑之年。不惑是什么意思,是几千年的封建社会,环境变动缓慢,等待人的心理成熟的一个尺度。而我进入不惑之年时,人类已进入电脑时代,世界开始疯起来了,等不得我的不惑了。我突然发觉自己本来是优秀的中国青年,所谓的"专家",竟然越来越无知。不是不惑,而是要重新起步新的学习,时代已经没时间与机会,让我不惑了,前程充满了不确定性。我刚来深圳还准备从事技术工作,或者搞点科研的,如果我选择这条路,早已被时代抛在垃圾堆里了。我后来明白,一个人不管如何努力,永远也赶不上时代的步伐,更何况知识爆炸的时代。只有组织起数十人、数百人、数千人一同奋斗,你站在这上面,才摸得到时代的脚。我转而去创建华为时,不再是自己去做专家,而是做组织者。在时代前面,我越来越不懂技术、越来越不懂财务、半懂不懂管理,如果不能民主地善待团体,充分发挥各路英雄的作用,我将一事无成。从事组织建设成了我后来的追求,如何组织起千军万马,这对我来说是天大的难题。我创建了华为公司,当时在中国叫个体户,这么一个弱小的个体户,想组织起千军万马,是有些狂妄,不合时宜,是有些想吃天鹅肉的梦幻。我创建公司时设计了员工持股制度,通过利益分享,团结起员工,那时我还不懂期权制度,更不知道西方在这方面很发达,有多种形式的激励机制,仅凭自己过去的人生挫折,感悟到要与员工分担责任,分享利益。创立之初,我与我父亲相商过这种做法,结果得到他的大力支持,他在20世纪30年代学过经济学。这种无意中插的花,竟然今天开放到如此鲜艳,成就了华为的大事业。

在华为成立之初,我是听任各地"游击队长"们自由发挥的。其实,我也领导不了他们。前十年几乎没有开过办公会类似的会议,总是飞到各地去,听取他们的汇报,他们说怎么办就怎么办,理解他们,支持他们;听听研发人员的发散思维,乱成一团的所谓"研发",当时简直不可能有清晰的方向，像玻璃窗上的苍蝇，乱碰乱撞，听客户一点点改进的要求，就奋力去找机会……更谈不上如何去管财务了，我根本就不懂财务，后来没有处理好与财务的关系，他们被提拔少，责任在我。也许是我无能、傻，才如此放权，使各路"诸侯"的聪明才智大发挥，成就了华为。我那时被称作"甩手掌柜"，不是我甩手，而是我真不知道如何管。今天的接班人们，个个都是人中精英，他们还会不会像我那么愚钝，继续放权，发挥全体的积极性，继往开来，承前启后呢？他们担任的事业更大，责任更重，会不会被事务压昏了，没时间听下面唠叨了呢……相信华为的惯性，相信接班人们的智慧。

到了1997年，公司内部的思想混乱，主义林立，各路"诸侯"都显示出他们的实力，公司往何处去，不得要领。我请中国人民大学的教授们，一起讨论一个"基本法"，用于集合一下大家发散的思维，几上几下的讨论，不知不觉中"春秋战国"就无声无息了，人大的教授厉害，怎么就统一了大家的认识了呢？从此，开始形成了所谓的华为企业文化，说这个文化有多好，多厉害，不是我创造的，而是全体员工悟出来的。我那时最多是从一个"甩手掌柜"，变成了一个"文化教员"。业界老说我神秘、伟大，其实我知道自己名实不符。我不是为了抬高自己而隐起来，而是因害怕而低调的。

真正聪明的是13万员工,以及客户的宽容与牵引,我只不过用利益分享的方式,将他们的才智黏合起来。

公司在意志适当集中以后,就必须产生必要的制度来支撑这个文化,这时,我这个"假掌柜"就躲不了了。从上世纪末,到本世纪初,大约在2003年前的几年时间,我累坏了,身体就是那时累垮的。身体有多项疾病,动过两次癌症手术,但我乐观……那时要出来很多文件,才能指导、约束公司的运行。那时公司已有几万员工,而且每天还在不断大量地涌入。你可以想象混乱到什么样子。我理解了,社会上那些承受不了的高管,为什么选择自杀。问题集中到你这一点,你不拿主意就无法运行,把你聚焦在太阳下烤,你才知道CEO不好当。每天十多个小时的工作,仍然是一头雾水,衣服皱巴巴的,内外矛盾交集。我人生中并没有合适的管理经历,从学校到军队,都没有做过有行政权力的"官",不可能有产生出有效文件的素质,左了改,右了又改过来,反复"烙饼",把多少优秀人才"烙煳"了,"烙跑"了……这段时间的摸着石头过河,险些被水淹死。2002年,公司差点崩溃了。IT泡沫的破灭,公司内外矛盾的交集,我却无能为力控制这个公司,有半年时间都做噩梦,梦醒时常常哭。真的,不是公司的骨干们在茫茫黑暗中点燃自己的心,来照亮前进的路程,现在公司早已没有了。这段时间孙董事长团结员工，增强信心，功不可没。

大约 2004 年，美国顾问公司帮助我们设计公司组织结构时，认为我们还没有中枢机构，不可思议，而且高层只是空任命，也不运作，提出来要建立 EMT。我不愿做 EMT 的主席，就开始了轮值主席制度，由八位领导轮流"执政"，每人半年，经过两个循环，演变到今年的轮值 CEO 制度。也许是这种无意中的轮值制度，平衡了公司各方面的矛盾，使公司得以均衡成长。轮值的好处是，每个轮值者，在一段时间里，担负了公司 COO[①] 的职责，不仅要处理日常事务，而且要为高层会议准备起草文件，大大地锻炼了他们。同时，轮值者不得不"削小他的屁股"，否则就达不到别人对他决议的拥护。这样他就将他管辖的部门，带入了全局利益的平衡，公司的山头无意中在这几年削平了。

经历了八年轮值后，在新董事会选举中，他们多数被选上。我们又开始了在董事会领导下的轮值 CEO 制度，他们在轮值期间是公司最高的行政首长。他们更多的是着眼公司的战略，着眼制度建设，将日常经营决策的权力进一步下放给各 BG、区域，以推动扩张的合理进行。这比将公司的成功系于一人，败也是这一人的制度要好。每个轮值 CEO 在轮值期

---

① COO：Chief Operating Officer 的缩写，意为首席运营官。

间奋力地拉车，牵引公司前进。他走偏了，下一轮的轮值CEO会及时去纠正航向，使大船能早一些拨正船头，避免问题累积过重，不得解决。

我不知道我们的路能走多好，这需要全体员工的拥护，以及客户和合作伙伴的理解与支持。我相信由于我的不聪明，引出来的集体奋斗与集体智慧，若能为公司的强大，为祖国、为世界做出一点贡献，20多年的辛苦就值得了。我的知识底蕴不够，也并不够聪明，但我容得了优秀的员工与我一起工作，与他们在一起，我也被熏陶得优秀了。他们出类拔萃，夹着我前进，我又没有什么退路，不得不被"绑"着、"架"着往前走，不小心就让他们抬到了"峨眉山顶"。我也体会到团结合作的力量。这些年来进步最大的是我，从一个"土民"，被精英们抬成了一个体面的小老头。因为我的性格像海绵一样，善于吸取他们的营养，总结他们的精华，而且大胆地开放输出。那些人中精英，在时代的大潮中，更会被众人团结合作抬到"喜马拉雅山顶"。希腊大力神的母亲是大地，他只要一靠在大地上就力大无穷。我们的大地就是众人和制度，相信制度的力量，会使他们团结合作把公司抬到"金顶"的。

作为轮值CEO，他们不再是只关注内部的建设与运作，也要放眼外部，放眼世界，要自己适应外部环境的运作，趋利避害。我们伸出头去，看见我们现在是处在一个多变的世界，风暴与骄阳，和煦的春光与万丈深渊……并存着。我们无法准确预测未来，仍要大胆拥抱未来。面对潮起潮落，即使公司大幅度萎缩，我们不仅要淡定，也要矢志不移地继续推动组织朝向长期价值贡献的方向去改革。要改革，更要开放。要去除成功的惰性与思维的惯性对队伍的影响，也不能躺在过去荣耀的延长线上。只要我们能不断地激活队伍，我们就有希望。历史的灾难经常是周而复始的，人们的贪婪，从未因灾难改变过，过高的杠杆比，推动经济的泡沫化，总会破灭。我们唯有把握更清晰的方向，更努力地工作，任何投机总会要还账的。经济越来越不可控，如果金融危机进一步延伸爆炸，货币急剧贬值，外部社会动荡，我们会独善其身吗？我们有能力挽救自己吗？我们行驶的航船，员工会像韩国人卖掉金首饰救国家一样，给我们集资买油吗？历史没有终结，繁荣会永恒吗？我们既要有信心，也不要盲目相信未来，历史的灾难，都是我们的前车之鉴。我们对未来的无知是无法解决的问题，但我们可以通过归纳找到方向，并使自己处在合理组织结构及优良的进取状态，以此来预防未来。死亡是会到来的，这是历史规律，我们的责任是应不断延长我们的生命。

千古兴亡多少事，一江春水向东流，流过太平洋，流过印度洋……不回头。

附录四
APPENDIX IV

持续构建组织级竞争力

2021年11月17日,彼得·德鲁克全球论坛(线上)在奥地利维也纳召开,郭平作为华为轮值董事长发表了《持续构建组织级竞争力》的主题演讲。

很高兴参加今年的彼得·德鲁克全球论坛。

我留意到今年大会的主题词是"Human Imperative"[①],其实今天数字技术也正在成为人类新的imperative(当务之急)。有时人们对数字技术取代人类感到担心,这点可以理解;但是,在我看来,对于大多数企业来讲,数字化才刚刚开始。虽然大多数企业明确了要数字化,目标却并不清晰,甚至感觉上是在赶时髦。

这让我回忆起20多年前经过反复讨论才确定的华为IT战略目标:"我们的目标不是成为世界级的IT,而是成就世界

---

① 实际上中文全称是"关注人——在不确定的数字世界中前行"。

级的华为。"现在回过头看,我们很幸运,在公司数字化转型的初期就把数字化的目标和公司整体战略目标进行了互锁。所以,我认为,大多数企业现在要考虑的是:如何通过数字化转型,提升组织级能力,以达成企业的战略目标。

下面,我想分享我对数字化的看法以及华为的一些业务变革实践。

一、未来绝大多数企业是数字化企业

过去,我们看到像 Uber 这样的互联网企业,侵占了传统的出租车市场;接着传统汽车服务企业引进数字技术,为消费者提供在线体验;现在我们看到 Uber 开始大批量购买汽车,成为重资产企业。也许最后我们看到的绝大多数企业会是数字化企业。

二、高质量的变革规划是数字化成功的起点

以华为为例,1998 年我们启动了 I/T S&P,正式启动了公司的大变革,通过这一规划,在 10 年内,我们实现了集成产品开发、集成供应链,以及集成财经服务,构建了相应的流程、组织,并固化到 IT 中,我们的组织级能力发生了质的飞跃,系列变革项目也支撑我们实现了原先设定的成为世界级企业的愿景。

2016年，我们启动了第二轮公司级的数字化转型规划，来支持华为在数字化时代保持领先。比如在疫情期间，我们用云上展厅，为客户打造身临其境的方案和面对面亲切沟通的体验。在疫情发生的几年里，我通过视频会见客户的次数还高于往年。

三、有效开展变革的核心是"改变人"

华为的员工有一个共识：唯一不变的是变化。公司常常因为外部条件的变化需要及时做出战略调整，管理体系相应也会做出改变。另外，公司有时为了提升管理效率，会有意营造氛围。整体来说，我们的变革气氛非常浓厚，而浓厚的变革气氛对变革项目的推进是非常有利的。此外，我们会提供一些制度性保障：

● 为了减少变革阻力，会保障被变革影响了的人的利益。

● "打下一座县城，留下一任县长。"我们要识别真正有使命并深刻理解变革的人，派他去落地，把这一"县"旧思想的人给改变了。

● 推进变革过程中尊重差异化，鼓励先进的同时，也允许落后，不追求齐步走，给大家接受和改变的时间。

● 当然，并不是所有人都转变得过来。我们对于那些实在不能改变的，不能及时改变的，也需要及时做出调整。

为保持与时俱进，华为每年都会检视变革规划，以确保变革与业务战略保持同步。我相信持续的业务变革，将支撑大多数的企业在数字时代不断提升自身的能力，我也鼓励企业拥抱变化，敢于变革。

最后，我想引用德鲁克的名言来结束我的介绍，"我们无法左右变革，我们只能走在变革的前面"。

◆◆◆

问答环节

问题一： 我们要时刻地拥抱变化，变化是唯一不变的东西。在这种背景下，您提到人是成功变革的关键，您如何去打造创新的文化？

答：

完善的流程，让大部分的员工在工作时有章可循，但并不是所有的活动都被严格限制。

公司也有意创造创新的文化，首先是宽容失败。

华为每年会把收入的 10% 以上投入研发，其中 30% 的经费用于研究和创新。我们 2012 部门就专门做基础研究，公司鼓励他们采用多路径、多梯次的方式试错，比如说 5G，当年我们有很多技术储备，最后有一种技术被纳入标准成功了，同时还有一些没有被纳入标准的技术。我们的创始人任总曾经说过："你走了此路发觉不通，你告诉你的同事这条路走不通，咱们换一条路走，那也是成功。"

其次，华为广泛地引进高端人才。我们吸纳最优秀的人才加入分布在全球的研究所，甚至为一位科学家在他喜爱的地方专门建了一个研究所，因为他不愿意离开家。我们跟着人才走，公司给这些科学家和天才创造非常宽松的工作环境，让他们充分发挥聪明才智。

问题二： 适当的宽容，能够让人才充分发挥作用。通过试错和变化来驱动变革与创新，学习是非常关键的。在华为，如何去推动学习，推动人的培训和发展？

答：

我们认为，变革是改变人的观念、意识和行为，所以变革中最大的挑战在于改变人。在20多年的变革实践中，华为已经形成了一整套变革管理框架，系统性地解决变革中与人相关的问题。

首先，要做利益关系人分析，把变革影响到的群体按照能力和意愿分为不同的群组，采取不同的应对策略。对于积极拥护变革的人，予以激励；对于抵制变革的人，进行职位调整或实行其他措施。

其次，沟通与培训要贯穿变革的始终，针对上述利益关系人分析的结果，采取不同的沟通策略。通过有针对性的培训，让变革受众掌握新的技能和方法，从而确保变革方案的有效落地。例如 IFS 变革期间，我们对管理层、业务人员、财经人员完成超过 1000 场的培训。

最后，我们特别关注变革带来的企业文化转变。例如 IPD 变革带来了矩阵式的管理方式，过去习惯于向职能部门主管汇报的员工，还要接受项目经理的领导。对组织文化的引导和转变，是促进变革落地的有效保障。

问题三： 有很多重要的内容，我们要把它们很好地整合起来，才能够很好地实现变革和创新。您提到在整个公司创造了宽松的环境，能不能给我一些具体的例子，说明华为是如何创造氛围的？

答：

正向激励，对变革团队进行奖励，能让更多人知道公司的导向，也是常用的方法。华为每年有好几千人获奖，这无疑能产生变革的正向推动力。但从华为的经验来看，危机感也非常重要，它能够带来变革的动力，造就真正的改变。

有时我们需要把潜在的危机显性化、可视化，才能增强员工内心的危机感，理解变革的必要性。举个例子，2014 年，当时公司供应链存在一个短板，实际货物和明细账不相符，有时候信息流跑不过实物流。很多同事了解这个问题，但没能深刻理解这个问题对客户满意度、对运营安全的巨大风险。那年，我们召集了全球100多个代表处的相关主管回到公司，举行了一个全球仓库大会，面向全球直播，展示了一些让人触目惊心的视频、照片，比如某分包商堆积如山的物料，让大家发自内心理解变革的必要性，从而积极投身其中。通过几年的努力，公司终于在账实相符方面达到了既定目标。

来势汹汹的危机会推动更为高效、彻底的变革。过去20多年，我们习惯于采购全世界最好的器件开发最好的产品，业务年年增长，多数人都习以为常。过去两年，华为面临复杂的外部环境，受到了极限的打压，让全体华为人清醒地认识到公司的生存环境产生了巨大的改变，也激发了自我变革的决心。我们为了解决产品的供应连续性，去推动研发的进一步变革，去主动培育安全可信、可靠的供应链伙伴。

我们认识到：环境的变化、生存的压力，是变革的动力，也是营造变革氛围的绝佳契机。

附录五
APPENDIX V

拥抱变化，担负使命

2014 年年初，郭平出任华为变革指导委员会主任，同年 11 月 6 日在华为质量与变革联合颁奖典礼上发表讲话，阐述对变革的期望和要求。

今天是 2014 年质量与变革联合颁奖典礼，首先祝贺获奖的优秀质量与变革代表，并向一直致力公司质量与变革工作的全体员工致敬！

一、我们正面临着一个快速变化的时代，变革就是要做时代的企业

在这个时代中，唯一不变的就是变化。想一想 20 世纪有多少新的画面：计算机、电视、喷气式飞机、因特网、手机……这些发明缩短了人与人之间的距离，扩大了人类的活动范围。21 世纪刚开始，电动汽车、虚拟现实、物联网等正在改变我们的生活方式和工作方式，整个世界正在走向越来

越快速变化的时代。

变革就是要做时代的企业，只有适应变化的企业才能生存。我记得在终端公司工作的时候，曾经有多少座"大山"和多少个"神一样的对手"。诺基亚、摩托罗拉、柯达这些曾经处于巅峰的企业，因为没有跟上时代变化的步伐而衰弱，甚至灭亡了。面对未来，华为没有选择，必须不断适应变化的环境，顽强地生存与发展。

二、变革不容易取得成功，变革要由愿景来驱动，形成一个整体，为公司增加收入、提升效率做出贡献

统计数据表明，企业开展的各种业务变革，完全成功的比例大概是8%，完全失败的也是8%，绝大多数是介于成功与失败两者之间，而且明显偏向失败的一边。但这个定律是华为绝对不能接受的，我们要和客户、合作伙伴一起努力，实现华为变革的成功。

华为的变革要由愿景来驱动，否则只能是一堆杂乱无章、互不相容的项目，不可能成为一个整体。公司重组ESC后做的第一件事就是确定变革愿景，将变革变成由愿景驱动的集成变革。公司的愿景是：丰富人们的沟通和生活，致力建立一个更好联接的世界。变革的目标就是任总说的"多打粮食"、提升一线作战能力。具体而言，未来几年业务增长一

倍而人员不显著增加，就是对这一目标的进一步阐释。围绕这一变革目标，往下要有一层一层的分解，各变革项目、地区部、代表处、功能部门都要分解下去，不能简单地做一本变革手册或者是一份投资收益分析就完事了。变革要能为公司增加收入、提升效率做出持续的贡献。

三、变革需要动力，要让公司上下全体人员都认识到变革的紧迫性

危机造就了 IBM 20 世纪 90 年代的转型。从变革的角度看，糟糕的业绩也许是一件好事，有可能使得公司置之死地而后生。华为在未来几年，预计业绩都会不错。在这种情况下，怎么找到变革的动力？看财报，和对手比较，自上而下看机会，自下而上看效率。

由于对研发的深度投资和不懈努力，我们的制造毛利率比友商普遍高出 10% 左右，这使得有时候面向一线的变革工作缺乏足够的动力。假如我们的制造毛利率和友商一样，将经营指标分段打开看，我们运营中的各种问题——"谁在沙滩上？谁在裸泳？"——是不是可以充分暴露出来？

我最担心的是在高歌猛进的华为缺乏变革紧迫感，各层组织"为赋新词强说愁"。要让公司上下全体人员都认识到变革的紧迫性，这是变革团队要解决的高优先级问题。泰坦

尼克号是在一片欢呼声中出海的，诺基亚手机也是在高峰中坠落的，我们要谨记这样的教训。

我们一定要在多业务、全球化的背景下实现两年集成打通、三年账实相符、五年五个"1"的变革目标，构建智能、高效、移动互联的下一代IT平台，实现运营可视、风险可控，提升一线作战能力。

四、"魔鬼"在细节中，变革是个细致活儿，要扎实、有序地开展变革工作

在2002年的ISC变革工作中，我曾经讲过华为的变革是给高速行驶的汽车换轮胎。今天，我们依然面临着这样的变革环境。如何在高速运转的公司中做变革？要坚持任总提倡的"七个反对"原则。

在变革的过程中，障碍是真实存在的。我们要识别变革中的障碍，正视它、处理它，将变革中的障碍一一扫除，鼓励实现变革愿景和目标的行为；否则，人人都喊变革要有收益，而不解决影响收益实现的具体问题，变革收益还是无法实现。要深入了解、正视可能存在的障碍，通过ESC、董事会切切实实扫除这些障碍。

轰轰烈烈地开张之后，变革过程也可能是"润物细无声"的"静水潜流"。为此，我们要设置一些短期目标，阶段性

地予以庆祝，始终保持热情高涨。积小胜为大胜，固化到流程、IT、文件、文化、行为中去，要在公司运营中把我们的成果综合起来。要系统地规划变革长期、短期目标，对已取得的确有证据、无可驳斥的成绩，要予以表彰。公司已有相应政策，要给取得阶段性变革成果的人"加官晋爵"。

五、提升变革领导力，在变革的"训战结合"中培养并选拔优秀人才

变革不是革命。变革与革命最大的差异是是否重建，变革是不能拆掉房子的重建。我们的变革团队是公司领导力的重要组成部分。变革的过程中一定会出现混乱和意外，不要想一切都"风调雨顺"，如果是那样就不是变革了。在面向支撑华为实现超越的业务变革中，期望参与变革的每个人，都发挥出卓越的工作能力，体现出超凡的领导能力。只有变革团队拥有了这种变革领导力，变革才能够实现公司期望的结果。

变革的结果，不仅是业务规则、流程、数据及IT平台，还有来自实践、提升了理论素养，并在实践中得到验证的"金种子"。人才是华为最宝贵的财富。要充分利用变革方案设计及在一线落地的机会，通过训战结合方式，培养并选拔出视野开阔、对跨部门业务理解深刻的干部和专家队伍。希

望你们不是埋在地下的金块，而是能生根发芽、长出更多金子的人才。在变革中成长起来的优秀分子将是公司寄予期望的重要力量。

六、面向未来构建 IT 架构，建设更高效、敏捷的下一代 IT 系统

20 世纪 90 年代中期，华为引入 Oracle ERP 时，它还是第一个"开放式"的 ERP 系统。2003 年，我们升级 Oracle R11 时，它是划时代的新系统。最近，IT 同事告诉我 Oracle 可能没有新版本了。在这个剧变的时代，云计算、大数据牵引着 IT 架构的变化，带来商业模式的变革。对华为的 IT 部门来说，我们一定要构建面向未来的 IT 架构。以前 IBM 顾问跟我们说 IT 是业务支撑系统，而今我们可以说 IT 已经深入华为的每个角落，是我们做生意的主干系统，甚至就是我们的生意。

香港赛马会的行政总裁对我说："我们赛马会就是个 IT 企业，没有 IT 系统的话，我开不了张，卖不出一张票，也收不到一分钱。"华为更是一个 IT 企业。大家都经历过"双 11"光棍节，看云化、移动化、社交化给社会带来了多大的变化！我也期望，华为作为一个 ICT 行业的全球领先企业，我们的 IT 系统不要落后于这个时代。基于互联网技术打造面

向未来更高效、敏捷的下一代 IT 系统，是公司对 IT 部门的期望。这个 IT 系统不仅局限于机关、局限于中国，还能够延伸到我们在各个国家的中心仓、各个客户的站点，有力地使变革目标可实现、可固化，数据一致并可信任。

今天也是质量体系的颁奖典礼，我对质量体系获奖者表示祝贺。没有好的质量文化，就没有好的产品质量。我们期望华为不仅能推出好的产品，完成客户满意的交付，更有使之可持续的质量文化和系统性的质量体系，创造出永葆产品优秀、服务优秀、工作流程优秀的好"天气"、好"土壤"、好"湿度"……使华为成为最受尊重的优秀品牌。

附录六
APPENDIX VI

熵减 —— 我们的活力之源

2017 年 11 月，EMT 秘书处处长殷志峰发表了《熵减 —— 我们的活力之源》，从宇宙、生命、国家、企业多个角度论熵减，并就如何延长企业寿命，让熵减成为企业的活力根源，提出了独到的见解。2018 年和 2022 年，总裁办两次发文号召全公司学习此文，提高对企业发展和管理的认知。下面节选（作者略有改动）该文部分内容，以帮助理解熵减。

一个企业正常的生命规律是从创业、萌发，然后到成长、成熟、衰退，最后死亡。所以现在华为面临的一些问题就是"中年危机"。当然，遇到"中年危机"的也不只是华为，所有成功的大公司（如 IBM、微软等）都会遇到。问题只是能不能应对"中年危机"。一些在十年前还生机勃勃的年轻公司，十年后的今天看到它们面临各种问题——也毫无例外地进入了"中年危机"。

企业在发展过程中，熵增是一个必然的趋势。从它的内部来说，经营规模扩大以后，管理的复杂度也变大了，历史沿革出的冗余的条条框框，不创造价值的管理动作越来越多，边际效益也在递减。再加上外部的技术进步、新商业模式层出不穷、产业周期规律等，会不断对企业构成种种威胁，最后就表现为企业创造价值的功能失效。

华为目前遇到的最大挑战，第一是奋斗和发展了30年的通信基础设施产业，正在从高速成长期进入成熟稳定期，在此过程中，这个产业的成长空间、业务特性都在发生变化，这是公司面临熵增的产业大背景；第二是我们公司的整套管理体系都是适用于高速成长型市场的，一旦市场空间遭遇"天花板"，那种偏激进的导向机制就可能引发一些"动作变形"，所以这两年公司在强调"有利润的收入，有现金流的利润"；第三是高毛利、快速发展的业务阶段会掩盖管理上的很多粗糙，当期经营好会掩盖对未来的投入不足……一旦增长减速，水落石出，一些战略和运营上的问题就会暴露出来，比如战略洞察盲点、决断时犹豫、流程冗长、组织碎片化、决策慢、过度制衡降低效率等等。

....

变革无力症，本质是丧失自我批判的能力。企业作为商业组织，最重大的变革是业务变革，特别是每隔二三十年一次的产业周期变革。传统大公司在面对业务变革时，会遭遇一系列来自内部的风险挑战和阻力。我对业务变革风险管理有以下几点认识：

第一是投资风险。一方面守着高收益、低风险的传统业务，一方面面对高风险、收益不确定的新业务。在这种情况下，决策者有很大的压力。对策：投资决策层要长期坚持思想上的艰苦奋斗，持续保持行业洞察力，敢于决断，娴熟地掌握投资组合管理理论，并通过实践来平衡好"成长与风险"。

第二是权力结构风险。公司有位同事说过一句振聋发聩的话：为什么自工业革命以来，每个大的产业周期都是50年左右？不是新一代产业技术一定要过50年才能被发明出来，而是要等压制新生事物的一代人老去，新产业才能成长起来。大公司的高管和专家大多是从传统业务中成长起来的，对于新业务未必都有深刻的洞察力和知识更新，新业务也必然引发新的权力分配，这意味着公司原有思想话语权、决策权的重新调整。对策：重大业务变革是一把手工程，培养变革领导力，最新案例就是微软的浴火重生，还有GE、西门子在数字化变革方面的不同结局。

第三是物质利益分配风险。在投资预算、人力编制、考核激励等各方面，都可能存在传统业务和新业务的争夺，背后是不同的利益群体。对策：尽可能在经营好的时候主动变革，用传统业务的增量来投新业务，并采用差异化的考核，逐步将资源向新业务倾斜。

第四是就业安全感。企业要积极推动"换脑"，以缓解"换人"引发的对队伍的冲击；但换人仍不可避免，有些人会因思想和技能跟不上而被边缘化或走人。对策：积极建设好内部人才市场、训战机制等；妥善处理员工关系，给被裁人员一些合理补偿。

....

管理体系唯一的最终目的就是"多打粮食"。耗费巨额资金和心力构建的管理体系，未必一定能给业务带来正面效应。用几个"兄弟业务"做比较，为什么管理体系建设比较成熟的业务，反而不如管理体系较不健全的业务发展迅速、活力四射？当然，这受产业生命周期的影响；但是，如果管理体系不能帮助我们战胜业务环境变迁的挑战，那管理体系的价值是什么呢？

....

用新的眼光审视我们在工业时代产生的管理体系，保留有用的，扬弃过时的。"科学技术是第一生产力。"技术革命了，人员、组织、社会等各方面从价值诉求到技能提升都在进步，管理也必须与时俱进。用步枪时代的战争思想无法打赢坦克战，用坦克时代的战争思想无法打赢航母战。

一、惶者生存，坚持自我批判 + 乐观精神

> 如果一个公司真正强大，就要敢于批评自己。如果是摇摇欲坠的公司，根本不敢揭丑。正所谓"惶者生存"，不断有危机感的公司，才能生存下来。
> ——《以客户为中心》导语（2016年）

华为如何实现熵减？第一个就是惶者生存，保持危机感，坚持自我批判。我们把任总十几年来的文章列一下，从《反骄破满，在思想上艰苦奋斗》《华为的红旗到底能打多久》《华为的冬天》《成功不是未来前进的可靠向导》《前进的路上不会铺满了鲜花》等文章里都可以看到，一定要在思想意识上不断地建立危机感。随着危机感的不断增强，才能使公司自我批判、自我革新成为可能。

有危机意识，但不要看见问题很多就悲观。没有乐观精神，被困难打倒了，怎么可能解决问题？

二、华为是一个开放系统

> 我们要敢于拥抱这个快速变化的时代，也要敢于拥抱全球化……我曾说过"都江堰疏导不了太平

洋""八百里秦川何曾出过霸王""秦淮河边上产生不了世界领袖"……是逼迫我们这一代人就要成为世界领袖，而不是繁衍几代后才是。

——《任总在 2017 年市场工作大会上的讲话》

万宝路的电子烟很抢手，宝马对电动车研究得很深入。通过开放，才能把颠覆性的力量变成我们的营养，让黑天鹅在我们的咖啡杯里面飞。

科技产业的开放，首先是人才的开放。人才不一定为我所有，但可以为我所知、为我所用。凡是能够帮助我们提升能力的合作机会，我们都要积极拥抱，甚至我们就是坐在一起喝杯咖啡，不需要对方加入华为公司，也不用对方的成果，就是希望和对方聊一聊，拓宽我们的视野。当然，如果专家、人才愿意加入华为公司那更好，我们可以为了一个业界的权威，专门新设立一个研究所。像我们在意大利米兰的微波研究所，就是因为马可尼在那儿有微波的技术积淀，Renato Lombardi（雷纳托·隆巴迪）又是这方面的顶尖人才。后来 Renato Lombardi 帮助华为把微波做到了全球第一，这就是开放思想的胜利。

三、用业务战略牵引业务创新和管理变革

> 未来二三十年，人类社会将演变成一个智能社会，其深度和广度我们还想象不到。
> ——任总在全国科技创新大会上的发言

一个企业要想活得久一些，它的寿命就要努力超越产业生命周期的限制。按照康德拉季耶夫的长波理论，人类从工业革命到现在的 250 年，经历过 5 个大的产业周期。比如西门子这样的"百年老店"，经历过电报电话、电力照明、自动化、医疗四个大的产业周期，每个产业为其贡献了 30~50 年的辉煌。

华为前 30 年的高速发展，当然有自身的主观努力，但是天时、地利、人和，我们客观上是吃足了通信基础设施全球大发展的产业红利的。没有国家的改革开放和产业红利，单靠艰苦奋斗也未必能有所作为。

通信基础设施这个产业，经过 30 年的发展，进入了成熟稳定期。华为要想继续成长，正如任总在英国和捷克的讲话里指出的，就需要做好对时代的洞察，敢于决断，然后靠坚定不移的执行力去落实。如果固守在我们擅长的领域，缺乏新洞察、新思想、新管理、新技术，那就是熵增，落入成功大公司的陷阱。

诺基亚的人当年感叹：我们的研发投入比苹果公司高四倍，我们在客户需求分析、产品品质上没有犯任何错误，我们的产业数据库包罗万象，能够支撑任何产品和市场的分析需要。我们怎么会被打败呢？因为产业变了，苹果公司是换道超车。

2017年5月，公司在上海开了战略务虚会，提出"方向要大致正确，组织要充满活力"，为未来的发展提供了指导方针。

....

四、以核心竞争力驾驭不确定性

改变研发投资结构，扩大研究和创新的投入比例。比如，开发经费占总研发经费的70%，要有30%用来做研究和创新。

——《多路径、多梯次跨越"上甘岭"，
攻进无人区》

不确定的事情，由精兵组织来应对。确定的事情，由平台或共享组织来支持与服务。对不确定的事情的考核，是风险的把握。对确定的事情的考核，是效率与效益。

——《埃森哲董事长拜访任总的会谈纪要》

我们的研发预算，以前产品线和2012实验室的预算比例大概是9∶1，未来将调整到7∶3，就是加大对未来不确定性的研究。

三星给我们很大的启示。2017年，三星一款手机发生事故后，大家都觉得三星要大亏，因为仅一个爆炸事件，就造成70亿美元的损失，结果三星有液晶屏和存储芯片这两个战略控制点，它把这两种东西涨了涨价，2018年成为全世界最赚钱的公司。

再举个例子，民航业是竞争激烈的行业，全球有几百家航空公司，基本全行业亏损；其背后有两家设备供应商，一个是空客，一个是波音，它们的日子要比航空公司好得多，因为发展到了"双寡头"格局。但在这个产业里活得最好的是做发动机的，就是GE和劳斯莱斯。全球能够造核武器的国家有十个，能够把卫星送到外太空的国家有六个，但是能够造大推力民用航空发动机的国家只有两个——美国和英国……

做一个产业，一定要发展核心竞争力，要有战略控制点。就像弱国无外交，没有战略控制点，就没有跟市场叫板的实力；没有核心竞争力的"护城河"和"防火墙"，就没有生存安全感。

在科技时代，一家没有技术的技术公司，永远和别人在低层次上"赤身肉搏"，打艰苦的消耗战。坚定不移加大技术投资,具备技术壁垒,才有话语权。我们怎么衡量研发投入的效率?就是看究竟有几个定价权。

……………

附录七
APPENDIX VII

英文缩写词

英文缩写	英文全称	中文含义
3T	Business Transformation and IT Management Team	业务变革与信息技术管理团队
APS	Advanced Planning and Scheduling	先进规划排程系统
AT	Administrative Team	行政管理团队
BC&IA	Business Control and Internal Audit	业务控制与内部审计
BG	Business Group	业务单元
BLM	Business Leadership Model	业务领导力模型
BOM	Bill of Materials	物料清单
BP	Business Partner	业务伙伴
BP	Business Plan	业务计划
BPA	Business Process Architecture	业务流程架构
BPO	Business Process Owner	业务流程责任人
BR&CIO	Business Re-engineering and Chief Information Officer	业务变革和首席信息官
BTMS	Business Transformation Management System	业务变革管理体系
CBM	Component Business Model	组件化业务模型
CC3	Customer Centric Three	以客户为中心的项目制铁三角运作团队
CIMS	Computer Integrated Manufacturing System	计算机集成制造系统

续表

英文缩写	英文全称	中文含义
COE	Center of Expertise	能力中心
COO	Chief Operating Officer	首席运营官
CRM	Customer Relationship Management	客户关系管理
CSO	Contract Support Office	合同管理及履行支撑部
CT	Compliance Testing	遵从性测试
DCP	Decision Check Point	决策评审点
DSTE	Develop Strategy to Execute	开发战略到执行
EA	Enterprise Architecture	企业架构
EAC	Enterprise Architecture Council	企业架构委员会
EMS	Electronic Manufacturing Services	电子制造服务
EMT	Executive Management Team	经营管理团队
ERP	Enterprise Resource Planning	企业资源计划
ESC	Executive Steering Committee	变革指导委员会
FE	Functional Excellence	功能优秀
GE	General Electric Company	美国通用电气公司
GPO	Global Process Owner	全球流程责任人
GSC	Global Supply Chain	全球供应链
GSN	Global Supply Network	全球供应网络
HIS	Huawei IT Service	华为信息技术服务平台
HRBP	Human Resource Business Partner	人力资源业务伙伴
IBM	International Business Machines Corporation	国际商业机器公司

续表

英文缩写	英文全称	中文含义
ICT	Information and Communications Technology	信息和通信技术
IFS	Integrated Financial Services	集成财经服务
IPD	Integrated Product Development	集成产品开发
IPMT	Integrated Portfolio Management Team	集成投资组合管理团队
IRB	Investment Review Board	投资评审委员会
ISC	Integrated Supply Chain	集成供应链
ISD	Integrated Service Delivery	集成服务交付
ISDP	Integrated Service Delivery Platform	集成服务交付平台
ITMT	Integrated Technology Management Team	集成技术管理团队
KPI	Key Performance Indicator	关键绩效指标
LSP	Logistics Service Provider	物流服务提供商
LTC	Lead to Cash	线索到回款
MBI	Market Based Innovation	市场驱动的创新
MBS	Manage Business Support	管理基础支撑
MBT&IT	Manage Business Transformation and IT	管理业务变革与信息技术
MRP Ⅱ	Manufacturing Resources Planning Ⅱ	制造资源计划系统
MTL	Market to Lead	市场到线索
PACE	Product and Cycle-time Excellence	产品及周期优化法
PBC	Personal Business Commitment	个人绩效承诺
PDM	Product Data Management	产品数据管理
PDT	Product Development Team	产品开发团队

续表

英文缩写	英文全称	中文含义
PEBT	Package Enabled Business Transformation	软件包驱动业务变革
PO	Project Office	变革项目办公室
PO	Purchase Order	采购订单
PR	Proactive Review	主动性审视
QCC	Quality Control Circle	品管圈
SaaS	Software as a Service	软件即服务
SACA	Semi-Annual Control Assessment	半年度控制评估
SCOR	Supply Chain Operations Reference	供应链运作参考
SD&ITR	Service Delivery and Issue to Resolution	服务交付和问题到解决
SDT	Sales Decision-making Team	销售决策团队
SLA	Service Level Agreement	服务水平承诺
SP	Strategy Plan	战略规划
SSC	Shared Services Center	共享服务中心
ST	Staff Team	部门办公团队
TAM	Transformation Achievement Measurement	变革绩效度量模型
To B	To Business	面向企业客户
To C	To Customer	面向消费者
TR	Technical Review	技术评审
VDBD	Value Driven Business Design	价值驱动业务设计

后　记
AFTERWORD

2022 年 4 月，我卸任华为变革指导委员会主任。回想起来，在任正非先生的指导下，我参与领导华为变革及数字化转型前后达 15 年之久，亲身经历了华为管理体系建立和演进的全过程，深刻体会到了变革对华为业务发展的意义和价值，于是萌生了对华为变革进行系统总结的想法。

两个月后，在我的办公室，我第一次坐下来思考如何写一本讲述华为变革的书。我把这本书定位为华为变革的思想史，不仅总结华为变革的历程，更要透视到背后的逻辑，探讨企业管理的本质，思考构建组织级能力的内核。最初，书稿大纲的逻辑很简洁，就是按华为变革的实践顺序展开。在多次头脑风暴中，我给苏宝华、徐智丽讲了很多华为早期的故事：华为作为代理商被原厂断供、市场部大辞职、呆死料大会（产品质量是我们的自尊心）……他们不断地提问，引发了我进一步的思考。我在重温华为往事的过程中，不断思辨变革及管理的本质。彼时华为在美国的打压下，正在"战时状态"下艰难地生存。回望华为的发展史，我们经常感叹华为这样的艰难时刻很多，似乎华为从一出生就注定要在艰难的环境中不断冲出重围、赢得胜利。

2022年8月，我休年假去了趟青海。这趟旅程前半程顺风顺水、轻松惬意。夜晚我站在山巅，一条壮美的银河横亘夜空，星星如钻石般发出璀璨的光芒。那一刻，我内心对撰写本书十分坚定：它也许只是苍穹中微不足道的一颗星，却会给一部分人、一些企业带来启迪。旅程后半程变得不可控，我不得不迅速调整计划，匆忙赶到西宁，返程深圳。

本书的写作思路似乎受到了青海旅程的影响。华为的IPD、ISC、CRM、IFS等重大变革在华为的发展进程中至关重要，但它们并不是华为变革的全部。事实上，华为的每个主要业务领域都经过了几个阶段的变革，才形成了相对完备的管理体系，书中怎能遗漏这些瑰宝呢？于是我重新确定了本书的主体结构，将研发、供应、销售、交付、财经和人力资源等主要领域，按各自的业务特点和发展阶段展开，最后以从单流程域到面向对象的集成来收尾。

与他们热火朝天的准备工作形成鲜明对比的是，我对书稿架构的自我质疑：我抓到企业变革的本质了吗？牵住组织级能力的牛鼻子了吗？如果我是企业CEO，这样的书对我有借鉴吗？其间，我翻看了很多书，有一天看到华为内部刊印的一本小册子，着实眼前一亮，薄薄的一本，就把"熵减"这个复杂的道理讲透了。那么本书言简意赅地讲清楚企业管理和变革的本质就行了，至于华为具体某个领域的变革实践，还是留给其他人去写吧。

本书竟然三易大纲，完全超出我的预料。企业是一个系统，整个管理体系一起构建起了组织级的能力，支撑企业战略目标的达成。书的大纲，不只是写书的逻辑，更是思想的主线。企业家关心的是如何把握企业变革的主脉络，基于业务变化构建管理体系，拥有支撑业务成功的组织级能力。这些底层逻辑不应拘泥于细节，更不应受限于实操。

我的主要合作者是苏宝华博士和徐智丽女士。苏宝华博士自1999年加入华为，就在变革项目办公室，和IBM顾问全天候工作，在顾问的指导下建立了华为项目管理框架和变革管理框架，自己也成了华为为数不多且是最高级别的变革专家。之后，他将管理实践带入全球技术服务部，负责过墨西哥交付与服务业务。2008年年初，他被公司召回担任IFS变革项目群经理，进一步与顾问合作，增强认知和能力，并长期支撑变革指导委员会工作。徐智丽女士深度参与了IFS和DSTE变革，在战略规划、计划预算预测、市场洞察等领域有长时间的历练，现为华为高级专家，近年来一直从事干部与员工的学习和发展工作，长于抓住要害并清晰表达。

正是有了他们的"加持"，我才能在工作之余，将这些年华为的变革实践整理提炼成文。我们用了短短两周时间，就完成了本书的初稿，之后是无数次修改、讨论、打磨。针对《企业增长的路径：马利克曲线》那一小节，我们就讨论过数十个业界和华为的案例，逐步观点条理化、案例差异化。书稿虽成，但我不确定对华为不了解的读者能否真正读懂华为变革实践及背后的逻辑。2023年2月，我邀请了管理学者、企业家和出版社的朋友就书稿提意见。大家一致认为：内容言简意赅，但对于读者来说，必须全神贯注、仔细琢磨才能有所体会，读起来会很累。华为一直强调以客户为中心，书当然也要以读者为中心。于是我们再次修改，在保持主线不变的情况下，增加了较多的案例、故事和数据。

感谢公司顾问田涛、黄卫伟的指导和殷志峰、叶晓闻等华为同事的参与，他们贡献的变革案例和观点，与我的思考相互印证。感谢肖知兴、黄元忠等管理学者和企业家朋友，他们在企业管理上的深入洞见，促使我不断思考华为变革实践对中国企业的借鉴意义。感谢聂雄前、许全军、缪宏才等出版社的朋友，他们对本书的叙述方式、文字篇幅、刊印版式都提出了宝贵建议。正是因为他们的贡献，使得本书观点更加清晰，案例更可借鉴，文字更加易读。

历时18个月，这本书终于完稿。其间，华为已经从谷底一步步走出来，并取得了突破性的进展。公司的事业还在滚滚向前，而书稿却不得不画上句号。我很自豪地看到中国企业正在蓬勃发展，这种"疾风骤雨之势"正是我不断思考企业变革和管理体系建设的原动力。

不怕未来已来，就怕过去不去。面对环境的巨变，我们要敢于放下过去，通过变革引领未来。

郭平

2023 年 11 月 9 日